幸せを呼び込む毎日の小さな習慣

Small daily habits

that attract happiness

曹洞宗徳雄山建功寺住職
枡野俊明
Shunmyo Masuno

電波社

はじめに

この本が目指すところは、読者のみなさまが幸せを感じやすくなるようにお手伝いすることとでも申しましょうか。

数年前でしたか、「幸せを感じやすい人にはいくつかの特徴がある」と、ある学者の方が言っておられたことが印象に残っています。

まず、特徴として挙げていたのが「人に親切にする人」、次に「人の悪口を言わない人」、そして「目の前にあることに取り組む人」でした。

これを聞いて「ああ、幸せを感じやすい人とは、まさしく自然と禅的な生き方をしている人だな」と思ったものです。

特に三つ目、「目の前にあることに取り組む」は「集中」です。禅における「集中」とは、坐禅《ざぜん》によって自らの仏性《ぶっしょう》に向き合うことを意味します。

一九五九年、アメリカに渡り、かの地で曹洞《そうとう》禅を普及させることに貢献した鈴木《すずき》俊隆《しゅんりゅう》老師（一九〇五～一九七一）は、弟子たちが編纂《へんさん》した法話集『ZEN MIND,BEGINNER'S MIND』（一九七〇年刊）の中で、仏性に向き合うには坐禅が一番だとしながら、必ずしも坐禅だけに限定せず、人が「目の前にあることに取り組む」とき、そこに仏性が現われると語っています。

（『ZEN MIND,BEGINNER'S MIND』は、スティーブ・ジョブズが一九七〇年代半ば、アップル創業の準備と禅の修行をおこなっていた頃に出会い、その生涯に渡って愛読していたことで有名です）

何か特定の崇拝の対象を持つ代わりに、それぞれの瞬間に自分が行う活動に集注するのです。礼拝をするときは、ただ礼拝をし、座るときは、ただ座り、食べるときは、ただ食べるのです。そうすれば、万物に共通する本性がそこに現れます。

鈴木俊隆／藤田一照（訳）
『〔新訳〕禅マインド　ビギナーズ・マインド』
ＰＨＰ　二〇二二年刊より抜粋

ここに訳された「集注」は「集中」のことであり、「本性」は「仏性」と同様の意味となります。

現代社会は「目の前にあることに取り組む」ことができにくい時代で

す。現代人は集中できず、幸せを感じにくい状況下に置かれていると言えます。なぜなら、私たちは豊かで便利な暮らしを謳歌《おうか》しながら、同時に貧しく不便な時代だったら抱く必要がなかった感情に絶えず揺《ゆ》り動かされているからです。

たとえば、昔は存在しなかった便利なシステムで言うと、ネットで何かを買うとき、実にこと細かく商品を受け取る日時や場所を選べます。「午前中がいいな」とか「夜七時から九時の方がいいか」とか「いや、ずっと留守にするから宅配便ロッカーにしよう」とか「いやいや、玄関前の置き配だな」とか選択肢も色々です。すると、選んだ後に「今日は早めに帰れる。配達が来たら夜は出かけたいな。ああ、夕方便にしとけばよかった」とか「置き配だと紛失しないかな」などと思ってしまう。

また、スマホを覗けば「株式投資で毎月安定した不労所得を得る元会社員による世界一周の旅ブログ」とか「八十キロの四十代女性が半年で五十キロ代にまでになったお弁当のレシピ」などの情報が目に入る。人によっては「毎日あくせく働いて旅行にも行けていない自分が惨《みじ》めだ」とか「ああ、同じ年代なのに私も頑張って痩《や》せないと」などと思ったりする。

宅配の受け取りにさえ、自分が下した選択に対して心が迷い、心配や後悔の気持ちが湧いてくる。ＳＮＳを見ては他人が発信する情報に心が乱される。

世の中に情報が溢《あふ》れかえり、絶えず選択をするよう迫られる。その度に自分がやるべき物事に対して心が離れてしまう。これでは自らの仏性に向き合えません。幸せを感じにくくもなります。

とはいえ、昔は「これしかない」という状況を強《し》いられたので「目の間のあることに取り組む」しかなかった、他の選択肢を考える余裕すらなかった、というのが妥当《だとう》でしょう。

たとえば、戦前の家長制度が支配していた時代は、親が決めた職業や結婚を「これしかない」と泣く泣く受け入れることが多かった。軍国主義において徴兵制度が施行されていた時代は、召集令状を受け取れば「戦争は非人間的だから行かない」なんて言えない。言えば軍法で厳しく罰せられた。昔はそれこそ「これしかない」から「不幸」に陥《おちい》る状況もたくさんあったのです。

私は戦後の民主化した日本で育ちました。多くのみなさんと同じように「自分が望んだ人生を自分が望んだように生きられる時代」に運よく生を受けました。自由は何よりも尊《とおと》いものだと思います。経済的に豊かになり、津々浦々までインフラが整備され、自由にものが言え、生き方や暮らし方の選択肢が増えることは素晴らしいことです。そうであるのに幸せを感じにくい状況に陥ってしまっているのだから実に皮肉な話です。

さて、禅は「幸せになりたいからに何々をする」という考え方を嫌います。禅は目的を持っておこなうものではないからです。強いて言うならば「幸せは考えるようなものではない。やるべきことに集中して結果的に感じられるもの」となります。禅では、結果は後から付いてくると考えるのです。

こんなことを言うと、「幸せなりたいと思ったらダメなの？　私たちは幸せな暮らしを願って日々生きているんじゃないの？」という意見も出るかと思われます。

しかし、私たちは幸せが後から付いて来ることを経験的に知っています。体が覚えていると言った方が正確かもしれません。たとえば、受験勉強を頑張って志望校に受かったとか、マイホームのローンを長年かけて払い終わったとか、最初はバイトだったけど働きぶりを評価されて正社員として登用されたなど、無心になって何かを成し遂《と》げたとき、人は高揚感《こうようかん》に包まれます。幸福だと感じます。

そこまでの長期的スパンでなくても、「今日一日頑張った自分」へのご褒美《ほうび》としてビールで乾杯したり、お気に入りのお店で好きなものを食べたり、欲しかった服や靴を買ったりしますよね。そんなとき、ささやかではありますが幸せを感じます。

禅は「頭で考えること」よりも「体を動かすこと」を重要視しています。普段、僧侶たちがおこなっている修行は、坐禅だったり、読経《どきょう》や礼拝《らいはい》をすることだったり、清掃や炊事だったり、庭や建物の手入れだったり、農作業など肉体を行使《こうし》するものです。これらは全て「自分の中にある仏性に向き合う」行為そのものです。

禅を哲学のような学問や思想体系だと思っていられる方が結構いらっしゃいます。それは先人たちが遺《のこ》した教えや逸話が無数にあり、その内容も難解で、その解釈にも様々なものが存在するからでしょう。

確かに仏教は仏教哲学として既に確立されています。しかし、禅は「う~ん、う~ん」と唸《うな》って理解するようなものではないのです。

そのことを鈴木大拙居士《すずきだいせつこじ》（一八七〇~一九六六）が、わかりやすく説明しています。大拙居士は、先ほどの鈴木俊隆老師より半世紀以上前（一八九七年）にアメリカに渡り、禅を独力で西洋社会にもたらした人物です。俊隆老師と共にもう一人の鈴木として尊敬されています（ちなみに、お二人は親子ではありません）。

禅の真理は、生命の真理である。そして生命とは、生き、動き、行動することであって、ただ思索することではない。（中略）生命を実際に生きるところには、論理は在しない。生命は論理にまさるからである。

われわれは、論理が生命に影響をおよぼすと考える。だが実際には、人はわれわれが頭で考えるほど理性的な生きものではない。（中略）もしどうしても禅を説明せねばならぬ時には、それは静的にではなく、動的に説明されねばならぬ。わたしがこうして手をあげる時、そこに禅がある。しかし、わたしが手をあげたと断言する時には、禅はもうそこにはない。

鈴木大拙／工藤澄子（訳）
『ワイド版　禅』
筑摩書房　二〇一七年刊より抜粋

私がお釈迦《しゃか》さま、達磨大師《だるまだいし》、道元禅師《とうげんぜんじ》をはじめとする先人の教えをご紹介する活動の中で、説法を聞いた方々から「ああ、なるほど！」「心が軽くなりました」と言っていただける機会は確かに少なくありません。

しかしながら、私が禅を大拙居士が言う「静的にではなく、動的に説明」できたのかは、自問自答する毎日です。というもの、説法を聞いて禅の教えを頭で理解するだけに留《とど》まらずに、その後、彼らの生活の中で動的に（体を動かすことで）実践していただけたのであれば、本当の意味で禅を伝えたことになったと思うからです。禅の修行をしておられない方々に禅の真意を伝えるのは難しいことでもあります。

なぜなら、大拙居士の言うように「人はわれわれが頭で考えるほど理性的な生きものではない」からです。ですから、もし困りごとやお悩みがあれば理性や論理によってそれらを解決するのではなく、肉体を行使してみることが肝心《かんじん》なのです。

本書は「頭で考えること」（静的）よりも「体を動かすこと」（動的）に重きを置いています。「あー、これはやってみたい。真似してみたい」と思ったところがあれば、まずは難しいことは置いといて実践していただきたい。せっかくならば習慣として生活の中に取り入れてほしいのです。そうすることで、みなさまが幸せを感じられたのであればこれほど嬉しいことはありません。

合掌

令和六年七月吉日　建功寺方丈にて

枡野俊明

第一章　亡くした心を取り戻す

第二章　今すぐ愛する人を抱きしめる

第三章 ご縁を大切にする

第四章　今日が人生最後の日だと思って過ごす

第五章 人は全てを持って生まれてくる

装丁　川畑サユリ
装画
イラスト（二十四ページ他）
マンガ（六十二・一〇四・一四六・一八八ページ）
佐々木奈菜
十牛図イラスト（二〇五ページ）　イケマリコ
本文デザイン　伊藤清夏（コスミック出版）
編集　櫛島慎司（コスミック出版）

第一章

亡くした心を取り戻す

1

お茶を淹《い》れる

喫《きっ》茶《さ》去《こ》

ここ三十年、国民の平均所得が上がらず、経済もほとんど成長が見られないことが問題視されていますね。その原因の一つとして、アメリカやヨーロッパ諸国と比べて日本の生産性の低さが指摘されています。

肝心《かんじん》なのは、どう効率よく質の高い仕事をするかです。仕事ができる人は働き方改革により業務時間が減り、休暇が増えることを大歓迎しているることでしょう。

働き方改革を喜んでいる人がいる一方、「かえって仕事がきつくなった」と感じている人も多いようです。労働時間が減っても業務量は同じだから、要領が悪いと仕事はスムーズに進んでいきません。

時間に追いまくられ、口癖のように「ああ、忙しい。つらい。苦しい」とこぼしながら、生産性を向上させることは難しいと思うのです。

どう段取りをするか。やることが山ほどあって何から手をつけていいか迷っている。そんなときこそ「喫茶去《きっさこ》」です。

こんなケースに

仕事の要領が悪い

「忙」という字は〝心を亡くす〟と書きます。忙しいとは、自分の心を見失うこと。この言葉が口をついて出るようになったら赤信号です。そんなときに思い出してほしい禅語があります。それが「喫茶去《きっさこ》」です。

中国の唐の時代に活躍した禅僧に趙州禅師《じょうしゅうぜんじ》という方がいます。この方のお寺に若い修行僧が訪ねてきて、「悟りとはどういうものですか?」と質問しました。

これに対し趙州禅師は「喫茶去」、つまり「お茶でも飲んでいけ」と答えたのです。修行を積んだ僧がやってきて何やら難しい質問をしたときも、趙州禅師の答えはやはり同じ。

このやり取りをいぶかしんだお寺の実務を司《つかさど》る僧が、「どうして皆さんに『喫茶去』と言うのですか？」と尋ねたところ、禅師はまたしても「喫茶去」と答えました。

まさに禅問答そのものですが、趙州禅師はおもてなしの心で「お茶でも飲んでいけ」と言ったわけではありません。この話がもとで生まれた「喫茶去」という言葉には、**一杯のお茶を心ゆくまで味わいながら混乱した心を整理し、見失った心を取り戻せ**という意味があり、これこそ趙州禅師が言いたかったことです。もちろん、現代ではお茶の代わりにコーヒーでも結構です。

目先のことをあれこれ考えるのをやめて、お茶を淹《い》れてみる。コーヒーを淹れてみる。**お茶（コーヒー）を飲んでいるうちに、「自分は何のためにこの仕事をしているのか」という初心に思い至る**かもしれません。

「ふと我に返る」という言葉もあるように、やるべきことの優先順位が鮮明になり、仕事の効率も上がっていくはずです。

2

自分に「ちょうどいい」を探す

中《ちゅう》道《どう》

酒酔い運転による人身事故や暴力沙汰などが時折報道されますが、表に出るのは氷山の一角で、お酒に関わるトラブルは無数に起きています。お酒が怖いのは、飲み過ぎると自分が何をしているのかわからなくなることです。会社の飲み会で上司にさんざん暴言を吐きながら、翌日、「そんなこと言いましたっけ？」とケロッとしている人もいます。

笑い話で済めばいいですが、度の過ぎた迷惑行為、痴漢行為、暴力行為に対して「悪いのは自分ではない。お酒だ」という言い訳が通るほど、世の中は甘くはない。逮捕される可能性だって十分あるのです。

飲酒で身を滅《ほろ》ぼしかけた人の中には、「二度とお酒は飲まない」と固い誓いを立てる人がいますが、気持ちはわかるものの「無理は禁物かな」とも思います。その理由をこれからお話しします。

こんなケースに

「〜は二度としない！」と考えている

仏教には「中道《ちょうどう》」という言葉があります。これはお釈迦《しゃか》さまが言われた言葉で、**両極に偏《かたよ》らずに真ん中を行け**という意味です。

仏教の開祖であるお釈迦さまは悟りを開く前に、自分の肉体を痛めつける激しい修行をなされました。約六年半苦行して骨と皮だけの体になり、それでも心の平安を得られなかった。どうも「これは違う」ということで苦行《くぎょう》をやめたのです。

お釈迦さまは釈迦族の王子の立場を捨てて出家された方ですから、物質的な豊かさや快楽も知り尽くしています。そこにも心の平安はないとわかっていました。

そこで、**快楽を求めることと肉体を痛めつけること、そのどちらも違**

う。両極端を避けて中道を求めることが正しい人間の生き方だと悟ったと言われています。

酒浸《さけびた》りになるのも極端なら、飲みたいのを我慢して一切拒絶するのも極端です。ほどほどに付き合えばいい。**「二度とお酒は飲まない」と誓いを立て、禁酒したのはいいがストレス発散できずに自分を苦しめてしまうこともあり得ます。**

この**中道は、人間の生き方全般について言える**ことです。仕事でも私生活でも、生真面目に完璧を追求したら疲れ果ててしまいます。**一時はできても、所詮《しょせん》長続きしません。**

快楽ばかりを追い求めるのはよくないし、それを一切断つというのもよくない。最良の道はその中間のどこかにあるはずなので、「自分のちょうどいい」を探してみましょうよ、ということです。

3

惜しみなく与える

喜《き》捨《しゃ》

良好な人間関係を築くコツはギブ・アンド・テイクを心がけることだとされています。人から何かしてもらったら何らかのかたちでお返しをする。困っている人がいたら助けてあげる。すると、今度は自分が困ったときにその人が助けてくれることもある。いつもそうしていれば相手から信用してもらえるようになり、関係性も深まります。

ただ、**ギブ・アンド・テイクには落とし穴もあります。相手についい見返りを求めてしまう**からです。人間の心は繊細です。

たとえば、友人の誕生日にお祝いをしてあげたのに、自分の誕生日には何もしてくれなかった。高級レストランでお得意さんを接待したけれど、たいした仕事はもらえなかった。こんな些細《ささい》なことでも、人はネガティブな感情に襲われてしまいます。

こんなケースに

見返りがないことに腹が立つ

禅には「喜捨《きしゃ》」という言葉があります。喜捨とは、文字どおり喜んで捨てること、自分から進んで惜しみなく与えることです。そこに見返りを求める気持ちはありません。

お寺や神社をお参りしてお賽銭《さいせん》をあげるとき、あなたは賽銭箱の近くからそうっと静かにお金を入れていませんか？　それではお金に執着する心が残ってしまいます。**執着や未練が残らないように、お賽銭は少し離れたところからポーンと勢いよく放り投げた方がよい**のです。

お参りする人は、「家族が健康でありますように」「子宝に恵まれますように」などとご利益《りやく》を願うのが一般的ですが、**「困っている人のためにお役立てください」と神仏に祈ってお賽銭を投げたら、それこそが本**

当の意味での喜捨です。

喜捨とは、実は神仏に対して行うもので、人に行うものではありません。神仏にお金や財物を寄進して、困っている人のために使っていただく。これが喜捨の基本です。

この**喜捨は私たちの人間関係に応用できる**のです。

自ら進んで惜しみなく与える。その人の幸せを神仏に願う。ギブするときは、そんな気持ちで行うのです。**喜捨を習慣づけていくと、相手に感謝されようがされまいが、気にならなくなります。**

とはいえ、求めていないのに見返りが巡《めぐ》り巡ってくることもある。それが喜捨の不思議なところです。

4

「おはようございます」で一日をはじめる

挨《あい》拶《さつ》

コミュ力が問われるビジネスの場では、他人と接するのが苦手だと何かと困りものです。とはいえ、**「他人との付き合い方が下手だ」と自覚しながらも何とかやりくりしている人は少なくない**でしょう。

人づきあいが苦手という人は意外に多いものです。

ここではその苦手意識から抜け出す方法を一つご紹介したいと思います。それは挨拶《あいさつ》をすることです。「なーんだ」とガッカリしないでください。実は「挨拶」は禅に由来する言葉なのです。

禅では、師匠と弟子との関係で、師匠が弟子の心の状態がどこまで育っているかを確認するため問答を掛けます。昔は、会った途端に、いきなり師匠が弟子に問答を掛けるようなことをしていました。

やがて、師匠と弟子ではなく禅僧同士の関係で、会った途端に、お互いに相手の力量を量《はか》ろうと問答を掛け合うようになります。

こんなケースに

人づきあいが苦手

禅僧同士の問答の掛け合いは、第三者の目には言い争いをしていると見えたようです。

「挨《あい》」も「拶《さつ》」も押す、迫るという意味があります。お互いに負けじと言葉で押し合いへし合いしている様子から「一《いち》挨《あい》一《いっ》拶《さつ》」という言葉が生まれ、それが縮まって「挨拶」になりました。

もともと挨拶は力量を確認するための禅問答だったのが、一般の社会に広がり、人と会ったときに「こんにちは」「ごきげんよう」などと声をかけ合うようになったのです。

人と会ってすぐ挨拶をすると、**挨拶された人はまず嫌な気持ちはしません。**顔を見てニッコリすればなおさらです。

「おはようございます」と声をかけたら、余程のことがない限り「おはようございます」と返ってきます。人づきあいが苦手な人はそこからはじめるとよいでしょう。

慣れてきたら「おはようございます」に何かひと言添えるようにすれば、冷え冷えとした関係に変化が生まれ、やがて打ち解けて仲よしなっていけるかもしれません。

物まね芸人の松村邦洋《まつむらくにひろ》さんは「**挨拶にスランプなし**」と言っています。芸が受けない日はあっても、挨拶は必ず相手の心に届くというのです。名言ですね。

5

自分に「かーっ！」と言う

喝《かつ》

禅語の「喝《かつ》」が広く知られるようになったのは、間違いなく野球評論家の張本勲《はりもといさお》氏のおかげでしょう。日曜朝に放送される報道番組でスポーツコーナーの「週刊御意見番」を二十年以上も務めた張本氏は、不甲斐ないプレーをした選手に容赦《ようしゃ》なく「かーつ！」の語を浴びせました。

「喝」を得意としたのは、臨済宗《りんざいしゅう》を開いた唐の臨済禅師（臨済義玄《ぎげん》）です。**趙州《じょうしゅう》禅師が何を問われても「お茶でも飲んでいけ」と言ったように（二十四ページ参照）、臨済禅師も事あるごとに「喝」と言った**と今日に伝わっています。

一方、臨済禅師と同時代に活躍した徳山《とくざん》という禅僧は、警策《きょうさく》という棒で肩を叩いて弟子たちを指導しました。

優柔不断でグズグズしてしまう

常に大声で怒鳴る臨済禅師の人の導き方に対し、徳山はバシッバシッと叩いて導いたことから、「臨済の喝、徳山の三十棒」という言葉が生まれました。「三十棒」は、三十回叩いたということではなく、たくさん叩いたことの喩《たと》えです。

「喝」にしろ「三十棒」にしろ、そこにはある〝狙い〟が込められています。それは**私たちの命とはどういうものかを考えさせる**ことです。

徳山の場合、棒で叩くことによって、叩かれた私が痛いと感じる、すなわち、今ここに命が生きているんだと実感させようとしました。**命を与えられていることのありがたさや尊さを考えてみよと諭《さと》した**のです。

人生は選択や決断の連続です。受験、就職、結婚など大きな選択もあれば、昼ごはんは蕎麦か牛丼かといった選択でさえ、決めかねてグズグズしまうことがあります。

主体的に選択できない、決断できない人生とは、流されていくだけの人生です。まあ、それも悪くないかもしれません。でも、一度しかない人生、それではあまりにもったいないとは思いませんか？

流されるのではなく、決定権は常に自分にあることを自覚しましょう。

優柔不断になりそうだったら、自分を棒で叩く代わりに大きな声で「かーっ！」と言ってみましょう。たるんだ自分には意識して気合《きあい》を入れることが時には必要なのです。

6

「そんなの知らないよ」とキッパリ断る

不《ふ》識《しき》

いたるところから儲《もう》け話が舞い込んでくる時代ですね。迷惑なことに職場、自宅、携帯にかかってきた電話で勧誘されることもあります。それらに見られる共通キーワードは「簡単に儲かる」や「確実に儲かる」とか「リスクなし」だったりします。

普通に考えてみてください。見知らぬ人が電話で、アカの他人であるあなたに簡単・確実に儲かる話を教えることなんてありますか？

そのような話は詐欺《さぎ》の可能性が高く、「リスクありあり」です。**「そんなの知らないよ。必要ない」とキッパリ断る**のが得策です。

「不識《ふしき》」という禅語があります。これは禅宗の初祖、達磨大師《だるまだいし》の言葉として有名です。達磨大師はインドから中国に渡って布教した人で、すでに中国に伝わっていた仏教を信奉する梁《りょう》の武帝《ぶてい》が喜んで迎えました。

こんなケースに

価値観の違う人が目の前にいる

達磨大師に会った武帝は次のように尋ねたそうです。

「私はたくさんのお寺を建てて大勢の僧侶を育てたぞ。私にはどんな功《く》徳《どく》があるのだい？」

要は、これだけのことをしたのだから見返りがあるはずで、それはどんなものかと質問したわけです。

達磨大師の返答は「無《む》功《く》徳《どく》」、すなわち「功徳なんてないよ」でした。

武帝としては、「そんなに凄いことをしたのなら、巨万の富が得られますよ」とでも言ってほしかったのでしょう。けれど、達磨大師は権力者におもねるようなことは言いません。**仏教は、ご利益《りやく》を求めて信仰し、布教するものではない**ということです。

そこで武帝は「では、私の前にいるあなたは何者なんだ?」と問い詰めた。すると、達磨大師は呆《あき》れて「不識（そんなの知らないよ）」と突っぱねたそうです。

二人の会話は全く噛《か》み合っていません。**富や権力という世俗的なものを求める武帝と根源的な真理にしか関心のない達磨大師では、見ている世界がそもそも異なります。価値観が違う**のです。

武帝のもとを去った達磨大師は、揚子江を越えて北に向かい、少林寺で坐禅三昧の修行に入ります。これが世に伝わる「面壁《めんぺき》九年」なのです。

7

師を見つけて真似《まね》る

薫習《くんじゅう》

言葉自体からいい香りが漂ってくるような禅語が「薫習《くんじゅう》」です。

お寺では、秋が深まってくる頃に衣替えをおこない、夏物の絽《ろ》や紗《しゃ》の着物は防虫香を添えて畳紙《たとうし》と風呂敷で包んで箪笥《たんす》にしまっておきます。それを翌年六月に出してくると、着物からとてもいい香りがします。その香りは元からあったわけではなく、防虫香の香りが着物に自然と移っていい香りを漂わせているのです。

それと同じように、**ロールモデル（考え方や行動、技術やスキルなどの点でお手本になる人）やビジネスリーダーの傍《そば》にずっといると、その立ち居振る舞い、物の考え方、行動などが自然と身に付く**ものです。

また、「学ぶ」という言葉は「真似《まね》ぶ」から来ています。禅では、「一日真似すれば一日の真似、三日真似すれば三日の真似。三年真似を続ければ身につき、一生やれば本物だ」と教えています。

こんなケースに

その道の頂点を目指したい

人について学ぶ際、師は一流の人を選ぶのが鉄則です。やはり二流の人につけば二流にしかなれないでしょう。一流の人には長年かけて会得《えとく》した優れたものがあります。

最近亡くなった指揮者・小澤征爾《おざわせいじ》氏が「世界のオザワ」と評されるまでになったのは、カラヤンとバーンスタインというクラシック界の二大巨匠に薫陶を受けたからだと言われています。

入門や弟子入り以外にも、講演会を聴きに行く、講習会に参加する、その人の本を読む、主宰するサロンに入るなど、方法はいくつもあります。一流の人を師と仰《あお》ぐにはお金がかかる場合がありますが、自分へと投資だと思うとよいでしょう。ただ中には一流の人の名を借りただけの怪《あや》しい輩《やから》が跋扈《ばっこ》するセミナーもあるようなので、ご注意ください。

それから忘れてならないのが相性の問題です。人間ですから「自分には合わないな」と感じることがあってもおかしくありません。

禅宗でも、臨済《りんざい》と曹洞《そうとう》では性格が異なり、あえて一言で表現するならば導き方が臨済禅は力強く、曹洞禅は穏やかなところがあります。ただ、どちらも非常に厳しい指導であることに変わりはありません。

禅の入門者が合うか合わないかを考えて宗派を選ぶように、**相性を考慮して師を選ぶのはおかしなことではなく、主体性を持って学ぼうとする真摯《しんし》な姿勢の表れです。**

8

SNSを見ない

主《しゅ》人《じん》公《こう》

ＳＮＳなどではリッチな生活とか自由を謳歌《おうか》している状況を発信する人たちがいますが、それを見て、「羨《うらや》ましい」と考える人が最近特に増えたなと感じています。

成功したインフルエンサーと比較して、組織に縛《しば》られている自分をつまらないと感じ、懸命に働いても大して給料が増えない現実に腹を立てて落ち込んだり、そうかと思えば、コツコツ働くのが馬鹿らしいからと会社を辞めて独立したり、投資にのめり込んだりする人もいます。

ＳＮＳなどない時代は「こういう人もいるんだな」程度の受け止めでした。また、かつては「額に汗して働け」が常套句《じょうとうく》。そんなことを言う大人はもういません。言ったら鼻で笑われるのがオチです。

「株に手を出すな」「投資は虚業」といった言葉もいつの間にか聞かれなくなり、最近は政府が先頭に立って投資をすすめています。つくづく時代は変わったなと思います。

こんなケースに

他人の成功話に惑《まど》わされそうだ

流行りの成功体験に影響されて自分の生き方を決めたのでは主体的とは言えません。

ドラマ、映画、舞台あるいは小説やマンガなど架空のお話においてメインで活躍する人物を「主人公《しゅじんこう》」と呼びますね。

「主人公」は、もとは臨済宗を開いた臨済禅師の言葉で、「自分の中にある一点の曇りもない、持って生まれた美しい心」のことをいいます。これは「本来の自己」「仏性《ぶっしょう》」などと言い換えることもできます。

そういう自分の中の「主人公」と向き合って、それと対話しながら物事を判断し、考え、自分の生き方を決めることが、自分が主体となって生きることにつながるのです。

あなたの人生の主人公はあなたなのです。他人のことは脇に置いて、そもそもあなたは何をしたいのかと考えてみるべきです。

自分の仕事も、上司にやらされていると思ったら主体的な生き方とは言えません。しかし、「縁あって自分に与えられた仕事だから、誰よりも立派にやり遂《と》げよう。自分にしかない知恵やスキルを加えてより大きな成果を出そう」と前向きに捉《とら》えることができたら、それは主人公として生きている証拠です。

好きでもないのにやらされているという不満があると、SNSの情報に幻惑されていろいろな成功例が光り輝いて見えます。そんなときはSNSを見るのをやめて**禅的な意味での主人公（仏性）と向き合う**のです。

9

直接会って詫《わ》びる

面《めん》受《じゅ》

仕事でクレームが入ったとき、あなたはどんな対応をしていますか？ことさら問題視する必要のないミスであれば、メールでお詫《わ》びして、解決までのプロセスもメールでやり取りするだけで十分でしょう。

ただ、メールでは済まないこともあります。大きな失敗をして取引先に迷惑をかけたときなど、相手に謝罪の気持ちをメールで伝えるのが難しい場合があるでしょう。「大変申し訳ございません」と書いても、相手から「本当に心から謝っているのか⁉」と疑念を持たれたり、「メールで済ますつもりか⁉」と反発を買う恐れもあります。

禅の基本的な考え方は「不立文字教外別伝《ふりゅうもんじきょうげべつでん》」です。**大事な教えは文字や言葉では伝えることができず、師から弟子へと直接に伝えることで初めて承継《しょうけい》されていく**という意味です。

クレームが入り焦《あせ》っている

弟子が物事の根源に目覚め、真理をつかみ取ったとき、それを禅では「悟り」と呼びます。

師は「この者はもう十分に熟成してきたな、悟ったな」と思ったときに、「それでいいんだよ」と面と向かって教える。これが「面受《めんじゅ》」です。

この「面受」をビジネスの現場に応用してみると、大事な局面ではなるべく、「直接会いに行って話す」ということになります。

コロナ禍の際、感染症対策としてＷｅｂ会議やリモートワークが積極的に取り入れられたことは記憶に新しいと思います。その利便性も相まって対面会議や会社に出社することへの不要論さえ出てきました。

しかしコロナが開けてから、フェイスツーフェイスのコミュニケーションが見直されています。実際、Ｗｅｂ会議だと表情、態度、声のトーンなどは伝わりにくいですね。**相手の力量や熱量をはかるには「面受」に勝るものはない**と私は考えます。

特に、自分の失敗で相手に多大な損失を与えたときはすっ飛んで行って、「本当に申し訳ありません。今回は大変なご迷惑をおかけしました」と深く頭を下げるべきでしょう。そうすれは、相手もこちらの誠意を感じ、いったんは矛先《ほこさき》を納めてくれるはずです。それがないと双方にとって前向きな解決策へと進めないのです。

10

笑顔をなるべく絶やさない

愛《あい》嬌《ぎょう》相《そう》

まわりにムスッとした顔をしている人がいる。それが職場の人だったりすると憂鬱《ゆううつ》になるでしょう。とはいえ、誰だって辛い時期や嫌なときの表情は険しくなります。

たとえば、戦時中のモノクロ写真を見ると、人々の顔が険しいでしょう。それは戦時下の暮らしの過酷さのあらわれだってことに気づき、そして、当時の人々に深い同情と憐《あわれ》みの気持ちが湧いてきませんか？　それと同じで、**ムスッとしている人に対して「何か事情があるのかも」と思ってあげることも大事**です。

私の経験上の話になりますが、ムスッとした人と何かのきっかけで話すと、意外に気さくだったり、親切だったり、違った一面を知ることが結構ありました。

そういうときに、「ああ、やはり人を見た目で判断してはいけないな」と改めて思い知らされます。

こんなケースに

孤立しがち、敵を作りがちだ

現代語の「愛嬌《あいきょう》」という言葉は、「あの人は愛嬌があるね」とか「愛嬌のないやつだ」といった使われ方をします。かわいらしくて親しみが持てるという意味ですが、元になったのは「愛嬌相《あいぎょうそう》」という仏教語です。

優しく慈悲深い姿の仏像を拝《おが》んでいるうちに、敬愛の念が湧いてついほほ笑んでしまう。その表情のことを愛嬌相と言います。仏さまを前にした人が、「ああ、なんていいお顔なんだ。優しくて」と思ってにこっとする。この愛嬌相から愛嬌という現代語が生まれました。

いわゆるアルカイックスマイルで有名なのが、法隆寺《ほうりゅうじ》金堂《こんどう》の釈迦如《しゃかにょ》来像《らいぞう》（釈迦三尊像《しゃかさんぞんぞう》の中尊《ちゅうそん》）や薬師如来座像《やくしにょらいざぞう》、京都・広隆寺《こうりゅうじ》の弥勒菩薩《みろくぼさつ》半跏《はんか》像です。いずれも国宝で七世紀の作品とされています。

口元に笑みをたたえた表情が何とも言えず、仏さま自らほほ笑んでいるので、拝んでいるこちらも思わずニッコリしてしまいます。

笑顔は「私は敵でない」という簡単な意志表示です。

孤立しがちな人、敵を作りがちな人は如来像を見習って、笑顔をなるべく絶やさないように心がけてみてはどうでしょう。にこやかで穏やかな顔をいつも保っている人は、男女を問わず人も寄ってきます。

自然体でいいのです。楽しくもないのに無理に笑う必要などもないですが、心理学者・ウィリアム・ジェームズの言葉「楽しいから笑うのではなく、笑うから楽しいのだ」があるように、**無理やり笑ったり、笑顔を作るとなぜか気持ちが和《やわ》らぐ**というのは確かにあります。

スティーブ・ジョブズ 乙川弘文和尚に会う

※乙川弘文（1938-2002）。1967年、鈴木俊隆老師（3ページ、104ページ参照）の招きでアメリカに渡る。タサハラ禅マウンテンセンター（カリフォルニア州サンフランシスコ）で俊隆老師の片腕として活躍。弘文和尚がタサハラの一軒家で開催していた俳句禅堂に、1974年～1975年頃にジョブズが通いはじめたのが、二人が出逢うきっかけだった。この頃のジョブズは、インド放浪でお目手当の尊師（グル）に会えなかったため（既に亡くなっていた）、自分を正しい道に導いてくれる師を探していたと言われている。

※※永平寺 日本における曹洞宗の中心的な寺院。

第二章

今すぐ愛する人を抱きしめる

11

「ありがとう」の言葉をかける

有《あり》難《がた》し

喫茶店などで「コーヒーをお持ちしました」と店員に言われても、黙ったまま受け取り、全く言葉を発しない人を見かけることがあります。その一方で、「ありがとう」と店員に一声かけて受け取る人もいます。この**「ありがとう（有り難う）」という言葉は、仏教語の「有難《ありがた》し」**から来ています。

お釈迦さまは相手の力量や性別に応じて、しばしばその人にふさわしいたとえ話を使ってお話しされました。これを対機説法《たいきせっぽう》と言い、その中の一つに「盲亀浮木《もうきのふぼく》」という話があります。

普段は海の底の方にいて目の見えない老いた亀が、百年に一度だけ海面にスーッと上がってきます。そのとき、たまたま流れてきた木をつかまえて穴の空いたところに首を突っ込み、そのおかげで外に首を出したまま海上を漂うことができました。

こんなケースに

不運な目に遭ってしまった

海面に浮上したらちょうどそこに木が流れてきたというのは普通なら有り得ないことです。そしてその木に穴が空いていて、そこに目の見えない亀が首尾よく首を入れられたというのはさらに有り得ないこと。ほとんど奇跡と言ってもいい出来事です。そういう普通なら絶対に有り得ないことが起きることをお釈迦さまは「有難し」と言われました。

八十億もの人間がいるこの地球上で、人と人とが何かのご縁があって出会い、親しく交流するようになるのは、大海の中の亀が百年に一度上がってきて、目も見えないのに穴の空いた木に首を突っ込むという、それくらい稀《まれ》なことです。

そのことに思いが及ぶと、全てのことに感謝の念が湧いてきます。

　喫茶店でコーヒーが飲めるのは、おいしいコーヒーを提供したいというお店の人の努力をはじめ、コーヒー豆を栽培した人、収穫して日本まで運んできた人、そういった関係者全ての努力の賜物《たまもの》です。そう考えれば、喫茶店で「ありがとう」のひと言が口をついて出るのはむしろ自然なことではないでしょうか？

　不運な目に遭った人や不遇な境遇《きょうぐう》にある人も、落ち込みたくなる心を抑えて、まずは命を与えられたことに感謝しましょう。そしてその思いを表すために、日常のいろいろな場面で「ありがとう」の言葉をかけてみるのです。

12

ハイキングに行く

達磨安心《だるまあんじん》

近ごろ、やたらNISAやiDeCoのことを耳にしませんか？

金融庁が推奨する資産形成のための制度にこれだけ関心が集まるのは、老後二千万円問題が背景にあるのだろうと思います。十分な蓄《たくわ》えがないとまるで地獄を見るのではないか？　と心配する人が大勢いるようですね。いたずらに不安を煽《あお》らないでほしいです。

経済大国と言われたのも今は昔。日本は長い間デフレが続き、コロナ禍がやっと開けたと思ったら円安による物価の急上昇で暮らしは厳しさを増すばかり。**いま私たちの心を確実に蝕《むしば》んでいる感情は、間違いなく〝不安〟**だと言えるでしょう。

不安心理が恐ろしいのは、不安が更なる不安を呼んで、不安の渦《うず》の中に引き込まれてしまうことです。

こんなケースに

不安な気持ちに押しつぶされそう

達磨大師《だるまだいし》は、ある日少林寺で修行していると、慧可《えか》がやって来ました。禅宗の二代目を継いだのがこの慧可大師です。今日まで伝わる二人のやり取りの中に次のような話があります。

慧可が達磨大師に「私は心の中に不安があって落ち着きません。何とかなりませんか？」と相談しました。そこで達磨大師が「そうか。じゃあ、わしがその不安とやらを取り除いてやろう」と言います。

慧可は安堵《あんど》したのですが、「さあ、その不安をここに出してみろ」と達磨大師に言われて困惑してしまいます。

「どこに不安があるんだろう？」と思って探しても、不安な心は取り出しようがありません。そこで初めて慧可は「**不安というものに実体はな**

い」と気づくのです。

これを聞いた達磨大師は、「ほうら、不安はなくなっただろう？　心が安心しただろう？」と言いました。これが「達磨安心《だるまあんじん》」の由来です。

この話からわかるのは、**実体のないものにとらわれていても得るものはない**ということです。

不安な心は手放して、目の前にあることに取り組む。現実を見て一つ一つ自分のなすべきことをなす。それが一番大事です。

「そんな簡単に不安は消えない」と言う人には、気分転換に公園の散策かハイキングに行くのがおすすめです。自然の癒やしが心の切り替えを促《うなが》してくれるでしょう。

13

プレゼントを渡す

意《い》地《じ》

人間は五官で外界を認識しているといわれます。仏教も「眼耳鼻舌《げんじびぜっ》身《しん》」の五官による認識を説いていて、順に視覚、聴覚、嗅覚、味覚、触覚の五つです。

ただし、仏教には六つめがあり、それが「意《い》」です。

意は意識のことで、全部合わせて六官（六識《ろくしき》）と呼びます。六番目の意識の役割は、五官を通して入ってきた様々な情報を「それは何なのか、どういうことか」と判断すること。その意味で意識は他の五官とは明らかに性格が異なります。

仏教では、「意地《いじ》」が意識とほぼ同じ意味で使われます。意識は五官の情報を受け止める大地のようなものと考えられたそうで、大地の「地」を取って「意地」としたのです。意地と意識は別々の言葉とされていますが、よく考えると共通性があります。

他人の態度に対して、自分の心が「気持ちいい」とか「不愉快だ」と判断している。これが意識であり意地です。他人のアドバイスや意見を素直に聞こうとしない人のことを意地っ張りと呼ぶのは、意地の仏教的な意味合いが現代にも残っているからです。

こんなケースに

仲直りしたいが自分から謝るのは嫌

意地といえば、次のような話をお聞きました。

コロナが開けて、久しぶりに会おうということで飲み会を開いた旧友三人。ある話題をきっかけに、Aさんは「その態度に腹が立つ」などと急に怒り出し、Bさんと口論になってしまいました。Bさんはそんなつもりはなく、二人の会話を聞いていたCさんにしても、AさんはBさんに因縁《いんねん》をつけた格好《かっこう》にしか見えません。だから、Cさんは「まあまあ、せっかく会えたんだから喧嘩はよそう」と提案してもAさんは聞く耳を持とうしません。またBさんも怒り心頭《しんとう》です。その日を境に二人の関係はギクシャクしたものになってしまったといいます。

こうした「両者、一歩も引かない」的な意地の張り合いはよく見かけます。意地を張り続けている限り、変わるのは簡単ではありません。

意地をゆるめるには思い切って切り替えることです。

仲違《なかたが》いをしている相手に自分から声をかけるのは少々気が引けるかもしれません。「何で俺から謝るんだ！」と思ってしまうのは、まだまだ「意」に頼っている証拠です。

たとえば、プレゼントを渡すなどの行動を起こしてみるのが効果的です。手紙でもいいでしょう。それらは「仲直りの証《あかし》」として送るのが本来の目的ではありません。**自分の「意」は忘れて、まずは動いてみる**ことが大切なのです。

14

気持ちを素直に伝える

以《い》心《しん》伝《でん》心《しん》

出会った当初は何でも話していたのに、一年、三年、五年、十年と経つうちにパートナーとの会話が減っていき、最後には二人の関係が終焉《しゅうえん》を迎える。よく耳にする話です。

最初は相手のことを知りたくて、わからないことは「わからない」と言い、「教えて」と聞けば、相手も一生懸命話してくれていたのでしょう。

ところが、年月が経過していくうちに、聞くのが億劫《おっくう》になり、話す方も面倒くさくなって、お互いの考え方、感じ方の違いを言葉に出して調整するプロセスを放棄してしまう。そんなところでしょうか。

夫婦関係、恋人関係だけでなく、親子関係、友人関係といった親しい間柄になると「言わないけど私の気持ちはわかってくれるはず」とか「聞かないけどたぶん相手はこう思っている」などという態度になりがちです。何とも身勝手な言い分だと思います。そしてこういうときに、都合よく持ち出される言葉が「以心伝心《いしんでんしん》」です。

パートナーとの会話が減っている

禅でいうところの「以心伝心」は、本当に大事なことは言葉や文字では伝わらないし、伝えられないという意味です。大事なことは心と心の触れ合いで伝えるのです。

たとえば、師匠が日ごろから考えていることを、弟子がいろいろな機会に受け止めて熟慮《じゅくりょ》した末、「こういうことですよね」と言ったとき、「そうだ。その通りだ」となったら、それこそが以心伝心なのです。

生き方の問題や何を拠《よ》り所にして生きるか、真理とは何かといった問題は、言葉や文字ではなかなか表現できないものです。一番の肝《きも》は人から人へ直接伝えるしかないと禅では考えます。

この以心伝心は、師匠も弟子も大変な修行を重ねて初めて可能になることで、何もしないでできることではありません。

もし、あなたが**「黙っていても心が通じる」という以心伝心の関係を築きたいと思うのならば、日常生活で言葉や文字や行動で自分の気持ちを素直に伝える努力を惜しんではならない**と思います。

ただ、いつもそんなことをしていたら疲れてしまうので、本音を言わなかったり、相手に合わせたり、たまには適当でもいいのです。

でも、どうしても譲れない重要な局面で「お互いの考えにズレがあるかもしれないな」と思ったら、自分の違和感や思いを率直に伝えて、よく話し合うことが肝心です。

15

仕事が一区切りしたら長めの休暇を取る

忙《ぼう》中《ちゅう》閑《かん》

あるドキュメンタリー番組を見ていたら、一人暮らしの高齢男性が会社員だった過去を振り返ってこんな話をしていました。

営業職だったその人は、出張に次ぐ出張でたまにしか自宅に帰れなかったそうです。北海道での仕事を終えて家に帰ったら、会社から電話がかかってきて翌朝すぐ沖縄に飛べと言われる。そんな生活を定年まで続けたそう。リタイヤしたものの、ずっと家庭や子どものことを妻に任せきりだったせいで、家族との接し方がわからないし、自分が要《い》らないように思えてきた。そんな暮らしに耐えられずに、子どもたちが全て巣立ったのを契機に家を出た。簡単に言うとそんな話でした。

禅語の「忙中閑《ぼうちゅうかん》」は〝忙中《ぼうちゅう》に閑《かん》あり〟。閑とは暇のことで、**どんなに忙しくても休み時間は、自分の意識次第で作れる**という意味です。**時間をハンドリングしているのは自分だという自覚を持たないと、時間の奴隷になってしまいます。**

こんなケースに

仕事が忙しくて家庭のことが疎《おろそ》かだ

趙州禅師《じょうしゅうぜんじ》は「汝《なんじ》は十二時に使われ、老僧は十二時を使い得たり」という言葉を残しました。「十二時」は二十四時間のこと、「老僧」は趙州禅師自身のことです。つまり、時間に流されるのではなく、時間に対して主体となって生きる。その切り替えさえできれば、どんなに忙しくても一日のどこかにわずかな閑、すなわち自分を自由にできる暇を作れますよ、と言っておられるのです。

もし趙州禅師が古い世代の男性が言いがちな「仕事が忙しくて家庭のことが疎《おろそ》かになった」という言い訳を聞いたら、どんな反応を示すでしょうね。おそらく、仕事のせいにするな。どんな激務だろうと、やりくりすれば自分の時間は捻出《ねんしゅつ》できたと一喝《いっかつ》されると思います。肝心なことは、大切な人と過ごす時間を見つける努力をしたか否か、もっと言えば、短い時間の中でも家族といい関係を持とうと努力をしたか否かです。

政府は、令和七年までに「年次有給休暇の取得率七十％」を目標として掲げるなど働き方改革を推し進めています。**経済大国になったはずのこの国で、家族とゆっくり過ごしたいのにそうした時間が取れないのでは、本当の豊かさとはいったい何だろう**と思ってしまいますね。

働くこと以上に休むことは大事です。大きな仕事が一区切りしたら長めの休暇を取るよう心がけましょう。会社員、公務員、自営業、フリーランサーと働き方も色々です。休みたいけど休むと収入が減るという事情もわかります。けれど、**休むことを前提に働けば、自ずと仕事の質もよくなり、長い目で見れば収入も上がっていく**はずです。

16

会いたいと思ったらすぐに会う

一《いち》大《だい》事《じ》

電話でこんなやり取りをしたことはありませんか。

「やあ、元気にしてる？」

「これは嬉しいな。お陰様で何とかやってるよ」

「それはよかった。久しぶりにお茶でもしないか？」

「そうしたいけど、今忙しくて無理なんだ。一段落したら会おう」

「わかった。じゃあ、また電話するね。」

そのときは一段落したら本当に会うつもりだったのに、すぐまた忙しくなって忘れてしまい、結局、会わずじまいで月日が経ってしまった。

よくあるパターンですね。

旧知の仲であれば、お互い健康である限り、**会おうと思えばいつでも会える。電話だってできるのだから無理をしてまで会う必要はない。そんな気持ちがどこかにあると、つい優先順位が低くなってしまいます。**

こんなケースに

友人から久しぶりに誘われた

ところが、あの日、「一段落したら会おう」と言っていた友人が事故で亡くなったという連絡が入る。あるいは、病気で亡くなったことを別の友人から知らされ、「あれ、知らなかったの？」などと言われたりする。

いや、こんなことを言っている自分が既にあの世にいるかも……。不謹慎に聞こえるかもしれませんが、**誰も予想しなかったことが起こるのが人生**なのです。

そこで思い出すのが禅語の「一大事《いちだいじ》」です。

正受老人《しょうじゅろうにん》の通称で知られる道鏡慧端《どうきょうえたん》という禅僧がいます。正受老人は信州・真田一族の真田信之《さなだのぶゆき》（真田信繁《さなだのぶしげ》の兄）の子供で、江戸時代に臨済宗を再興した白隠禅師《はくいんぜんじ》の師匠です。

「一大事」は、この正受老人の書いた『一日暮らし』に出てきます。
一大事と申すは今日只今の心なり
それをおろそかにして翌日あることなし
その日その日を精一杯大切にして、それなしには明日はないと思って生きなさい。正受老人はそのように言っています。
一大事といえば、地震や台風などの災害、会社の倒産危機、病気、事故などを思い浮かべるのが普通ですが、実は**日常の何気ない生活そのものが一大事だ**と言うのです。確かに、平穏な生活の有り難みは、失われてみて初めてわかるもの。**友人との絆《きずな》も、それが切れたときに、「もっと大切にしておけばよかった」と気づかされる**のです。
友人から連絡があって「会いたいね」と言われたら、先延ばししないでその場で会う日を決めてしまうことです。短い時間会うだけでもいいのです。ささやかでもその気持ちこそが一大事です。

17

自分の経験や技術を生かせる場を作る

閑《かん》古《こ》錐《すい》

定年退職した人の中で、「もう十分働いた。やり切った」という充足感があり、「しばらくのんびりしたい」という人がいる一方で、自分を生かしてくれる会社組織という居場所を失い、何をしていいかわからず途方に暮れるという人も多いようです。

今の六十代は昔の六十代はとは違って若いです。まだまだ元気に働ける年代ですから、「長い間、ご苦労さまでした」と言われてしまうと、引導《いんどう》を渡されたような気持ちになってしまうそうです。

また、「しばらくのんびりしたい」という場合、悠々自適《ゆうゆうじてき》と言えば聞こえはいいのですが、自宅で毎日ぼんやりテレビを見ているだけでは認知症になりやすいという話も聞きます。

活動的に生きれば健康寿命も延びるのですから、残りの人生で何か新しいことをはじめてみることも大切です。**「もう年だから」と安易に自分の限界を決めてしまわない**ことです。

こんなケースに

やることがなく途方に暮れている

閑《かん》古《こ》錐《すい》は、使いこなした錐《きり》、古びた錐のこと。新しい錐は切れ味がよ過ぎて使いづらいと言われ、閑古錐の方が好まれます。

職人さんはここと決めた箇所に錐を当てて揉《も》むのですが、ちょっとでもバランスが崩れると的《まと》からズレてしまいます。鋭く尖っているためズレたところに穴が空き、手を滑らして怪我をする恐れもあります。新品はそれくらい切れ味が鋭いのです。

一方、閑古錐は古びて先が多少丸くなっているので、決めた的に当ててうまく穴を空けることができます。怪我もしにくく、職人さんにとっては使いやすい道具です。

それと同じように、禅僧もベテランの禅僧には若い人のような勢いや力強さはありませんが、経験から得た知恵や度量や精神力は見習うべきものがあります。そこで禅では、ベテランの禅僧や年取った禅僧を錐に喩えて「閑古錐」と呼んできました。

人間も、年老いたからもう役目は終わったとか、やることはないと思う必要はなく、世のため人のために役に立つ生き方は必ずあります。

「閑古錐」とよく似た禅語が「古木龍吟《こぼくりゅうぎん》」です。枯れた木でも風が吹くと龍が泣いたようにグォーッと音を立てるという意味です。枯れ木ですら堂々たる存在感を発揮するのだから、人間も年老いて旅立つまでは必ず役に立つし、できることはある。

退職して気が抜けてしまった人も、閑古錐や古木龍吟の精神で自分を生かせる場所を探していただきたい。**それまでに培った経験や技術に自信を持つことです。生かせる場所がなければ、新たに作ればいい**ではありませんか。地域コミュニティの活動に参加してみるのも一つの手です。

18

今すぐ愛する人を抱きしめる

一《いち》期《ご》一《いち》会《え》

「一期一会」は茶の湯（侘《わ》び茶）を大成した千利休《せんのりきゅう》の言葉です。

「一期《いちご》」は一生、「一会《いちえ》」は一回限りという意味で、同じ茶室で同じお客を招いて同じ茶道具を使ったとしても、そのときにできるお茶のもてなしはただ一回限りのもの。だからこそ、最高のお茶を点《た》てて、お互いに最高の時間を持てるよう心がけるべきだと言っています。

「茶の湯とはただ湯をわかし茶を点ててのむばかりなることと知るべし」

これはいわゆる利休道歌の一首です。茶の湯とはお湯を沸かしてお茶を点てて飲む、ただそれだけのことだと言うのですが、口当たりの良い温度加減にお湯を沸かし、心を込めてまろやかなお茶を点て、美味しく飲んでいただくというのは、実は簡単なことではないのです。

「**今のこの一瞬は二度と戻ってこない一度限りのものだから、最善を尽くしてもてなしなさい。次があると思うな**」ということです。

こんなケースに

感謝や愛情の意を普段伝えていない

二〇〇一年九月十一日、イスラム過激派のテロリストにより四機の飛行機が乗っ取られ、うち二機がニューヨークの超高層ビルに、一機が米国防総省の建物に突っ込み、残る一機は墜落しました。世界中を驚愕《きょうがく》させた米同時多発テロ事件です。約三千人が命を奪われました。

若い人にも　年老いた人にも
明日は誰にも約束されていないのだということを
愛する人を抱きしめられるのは
今日が最後になるかもしれないことを

ノーマ・コーネット・マレック『最後だとわかっていたなら』
サンクチュアリ出版　二〇〇七年刊より抜粋

これは、このテロで十歳の息子を失ったアメリカ女性が綴《つづ》った詩の一節です。国際的な反響を呼んだのでご存じの方も多いでしょう。

誰もが今日と同じように明日が来ると信じているけれども、それは臆測でしかない。日本列島に住む私たちも、東日本大震災や能登半島地震などで一瞬のうちに未来を断ち切られた人が大勢いることを知っています。

私たちは常に「この人と会うのはこれで最後かもしれない」という気持ちで人と接するべきだと思うのです。

明日のことはわからないから今この瞬間に愛する人を抱きしめる。そんなふうに心が定まれば、私たちは些細なことで喧嘩をすることもなく、誰に対しても優しく接することができるはずです。

19

軽く頭を下げる

会《え》釈《しゃく》

どこの職場にも「嫌なやつ」はいます。いちいちマウンティングをしてくる人とか、相手を小馬鹿にした態度を取る人とか、ひどい場合だとパワハラ、セクハラまがいの言動をする人がいたりと、職場の人間関係は悩みのタネとなることが多いようです。

最近はパワハラ、セクハラとわかれば処分されるようになりましたが、相談できる部署や窓口を設けていない組織もあり、泣き寝入りを余儀なくされる人も少なくないと聞きます。

「嫌なやつ」と鉢合《はち》わせするとつい身構えてしまいますが、避けるわけにもいきません。嫌でも付き合っていくしかないのです。いい人ばかりが住む世界で働き、暮らせたら幸せだなと思っても、それは夢物語です。

問題含みの人物とは、無理に仲よくなる必要はなく、媚《こ》びへつらう必要はありません。その代わり、敵対する必要もありません。

こんなケースに

苦手な相手を前に気持ちが萎《な》える

「会釈《えしゃく》」は、通常は人と会って軽く頭を下げることを言いますが、もとの言葉は仏教語の「和会通釈《わえつうしゃく》」です。

お釈迦さまは教えを説く際、人によって話し方を変えられました。先述したように、これを対機説法と言って、お釈迦さまはその人に一番ふさわしい説明、こういうふうに話した方がこの人にはわかりやすいだろうという説明をされます。第三者には全く違った話のように見えて、実はその根底にあるものは不変です。

こうした異なる説法の真意を明らかにすること、これが和会通釈です。

一般的な会釈の意味とは全然違いますね。これは私の想像ですが、真意が明らかにされて「うーん、そうか」と納得したときに頷《うなず》いて頭が下がる、その様子から今のような意味が生まれたと思われます。

挨拶と同様、会釈も人間関係の潤滑油《じゅんかつゆ》のようなものです。会釈を続けるうちに挨拶になり、やがて打ち解けた関係になったりします。

他方、問題含みの人物に対しては、会釈をすることが「私はあなたの敵ではありません」という意思表示になります。この場合は**会釈にとどめるだけで十分です。それ以上踏み込まないことで相手と一定の距離を取る**わけです。孔子もこう言っています。

鬼神《きしん》を敬して之《これ》を遠ざく（**表面的に相手を敬《うやま》うが近づかない**）

ただし、問題人物と思っていたが、ひょんなことからその人の別の一面を発見して、「案外いい人だった」と評価が変わることがあります。

人を固定的な見方で決めつけてしまう。これもまた危険なことなので注意が肝要です。

20

着飾らない

大《おお》袈《げ》裟《ざ》

「大袈裟《おおげざ》」は大きい袈裟《けさ》に由来する言葉です。袈裟は僧侶が使う法衣《ほうえ》の一種で、衣の上に左肩から斜めに掛けて着用します。私も今日の朝、袈裟を掛けてお勤めをしてきました。

僧侶の中には、やたらと大きくて豪華な袈裟を着ける人がいて、あまりにも仰々《ぎょうぎょう》しい感じを与えることを「大げさ」と言ったようです。

もうだいぶ昔のことになりますが、京都の年配の方がこんなことを言っていた覚えがあります。

「和尚と食事をするときは、精進揚《しょうじんあ》げ（野菜の天ぷら）は食べないほうがいいぞ」

「どうしてですか？」

「中身が同じで衣が違うだけだよ」

豪華な天ぷらに見えても衣が多いだけのこと。立派で派手な袈裟を着た和尚も、普通の和尚と中身は大差ないという皮肉です。

市井の人が「坊主丸儲け」などと言って僧侶を揶揄《やゆ》するのと同じで、仏教の形式主義をチクリと刺したジョークと言えます。

こんなケースに

「目立たない」ことがコンプレックス

一般的に禅宗の袈裟や衣は非常に地味です。派手なのは真言宗や浄土宗で、衣の色が鮮やかな緑だったり、袈裟もたとえば紫の袈裟に金襴《きんらん》（金箔や金糸、銀糸などを使った織物）の紋が入っているような派手なものが好まれるようです。これは宗派の伝統や慣習からそうなっている面もあります。

たまに若い人で派手な格好をして外見を華美にしている人を見かけま

す。高価なブランド服に身を包み、百万円以上はするかと思われる腕時計を着けている人もいれば、高級スーツとシャツでビシッと決めている若いビジネスパーソンもいます。

おしゃれは悪いことではありませんし、それでご本人が満足しているなら結構なことですが、先ほどの話で言えば、身に着けているものが「天ぷらの衣」になっていないか自問自答してみる必要があるでしょう。

人の価値を決めるものは、着ている物でも外見でも肩書でもありません。その人の持っている人格、知恵、技術などが一番重要です。**外見が派手で目立つ人は大勢の人から注目されますが、中身がなければ「なーんだ」ということになってしまいます。**

「自慢できるものがない」「目立たない」とお嘆《なげ》きになる方がおられるならば、**外見を飾ることに力を入れるよりも、中身を充実させる**ことを優先させた方が賢明です。

アメリカの作家。コロンビア大学中退、海軍除隊を経て、鉄道制動手、森林監視員などの職種に就きながら作家を目指す。1940年代から執筆活動と並行して放浪を繰り返す。転機となったのは学友のハル・チェイスを通して親友となるニール・キャサディ、ルーアン・ヘンダーソン、アル・ヒンクルなどデンバー出身の仲間と旅立った全米横断の旅（一部メキシコ）。道中でのホーボー（放浪者）、オーキー（季節労働者）、黒人、同性愛者など社会の主流から弾かれた人々との邂逅、メキシコ人女性との恋物語ほか、ウィリアム・バロウズ、アレン・ギンズバーグ、ルシアン・カー、ハーバート・ハンキーなど知識人・ヒップスターとの文学談義、ジャズ、アルコール、ドラッグ体験といった膨大な逸話を、斬新な文体を用いて長編小説としてまとめ上げた『路上』（オン・ザ・ロード）を1957年に刊行。『路上』は1960年代に巻き起こるカウンターカルチャーの起爆剤となり、ボブ・ディラン、ジョン・レノン、ジム・モリソン、デニス・ホッパー（映画『イージー・ライダー』監督）など伝説的アーチストの思想的基盤としても絶大な影響を与えた。また、日本での修行経験がある詩人のゲーリー・スナイダーとの交流をきっかけに禅の世界に深く傾倒、小説『禅ヒッピー』（ザ・ダルマ・バムズ）を発表した。

146ページに続く

第三章

ご縁を大切にする

21

「お陰様で」を口癖にする

御《お》陰《かげ》

いつの頃からか鉄道の駅構内で暴力防止のポスターが目に付くようになりました。中でも二〇一七年度の「見逃しません！その暴力、犯罪です！」のポスターには強いインパクトがありました。どの駅でもこの種のポスターを見かけるのは、駅員や乗務員への暴力が増えて、鉄道各社も我慢の限界を超えたからだと思われます。

人身事故や設備の故障、停電、災害などで電車は遅れることもあれば止まることもあります。それはやむを得ないことなのですが、駅員や乗務員に非常識な振る舞いにおよぶ乗客を見かけます。大声で怒鳴ったり、暴言を吐いて詰め寄ったりと実に見苦しい。

予定が狂ってイライラする気持ちもわからないではありません。しかし、**理由があっての電車の遅延なのですから、タガが外れたようにハラスメントに及ぶのは許されないこと**です。心に余裕がなさ過ぎます。

こんなケースに

予想外のアクシデントについイライラする

「御《お》陰《かげ》」は「お陰様」のことで、もとはご先祖さまに対して感謝の気持ちを表す言葉でした。私たちは、両親、祖父母、曾祖父母……ご先祖さまが脈々と築き上げたものの「お陰様で」生きていられます。

「お陰様で」は次第に広い意味で使われるようになり、ご先祖さまに限らず、自分たちが会ったことのない一般の人たち、同じ社会を構成する様々な立場の人たちへの感謝を示す言葉になりました。

最近「お陰様で」はあまり使われなくなりました。それは、思うに「私が、私が」という自我意識の肥大化の結果です。

今は多くの人が「私は働いて誰の世話にもなっていない。自分で生活して何の迷惑もかけてない」と言う世の中です。でも、そうやって働くことができるのは、周りの人たちや社会から様々なかたちで支えられているからであって、だから、昔の人は「お陰様で」と考えたのです。

電車が日々、時刻通りに運行するのも、当たり前のように見えて、数え切れないほど多くの関係者の苦労と努力の賜《たまもの》です。「お陰様で今日も電車に乗れる」と顔も名前も知らない人たちに感謝する心の余裕があってもいいのではないでしょうか？　気持ちに余裕があれば、電車が遅れたからといってイライラすることもなくなります。

育ててもらったのもお陰様、食事をいただけるのもお陰様、働けるのもお陰様、命を与えられているのもお陰様です。

「お陰様で」を口癖にしてイライラとさよならしましょう。

22

スマホをオフにする

一《いち》行《ぎょう》三《ざん》昧《まい》

今やスマホは仕事にも暮らしにも欠かせない現代人の必須《ひっす》アイテムです。しかし、便利この上ないスマホを私たちが十分に使いこなせているかというと、いささか疑問です。観光地や季節の花が美しい話題の場所を訪れると、目に入るのはスマホで写真を撮っている人ばかり。ＳＮＳ映えする撮影スポットには人の列ができていて、暗澹《あんたん》たる気持ちになります。

長い石段と奇岩で知られる山寺こと立石寺《りっしゃくじ》（山形県）を参詣した松尾芭蕉《おばしょう》が「閑《しずか》さや岩にしみ入る蝉《せみ》の声」の名句を残したように、自然と自分が渾然一体《こんぜんいったい》となれば、そこに俳句が生まれ、詩が生まれ、また深い感動や喜びに心が満たされます。

物事には順番があり、**写真を撮ることよりも、素晴らしい景観や花々、その地のたたずまいや空気を楽しんで、まずは心に焼き付ける**ことの方が先だと思うのです。そういうものを十二分に味わってから写真を撮ればいいのではないでしょうか。

こんなケースに

仕事も遊びもどこか気もそぞろだ

仕事中でもスマホをいじって集中できない人がいます。頻繁に作業を中断してSNSを見たり、会議のさなかにメッセージアプリの通知をチェックしたりと、ほとんど依存症ではないかと心配になるような人が増えています。スマホが仕事の生産性をガタ落ちさせている面もあることは否めません。

禅宗の六代目を継いだ慧能禅師《えのうぜんじ》のことを六祖と言い、この方が書いた『六祖壇経《ろくそだんきょう》』という経典で説かれているのが「一行三昧《いちぎょうざんまい》」です。絶対の世界に入るために精神を統一すること、心を一つに集中すること、これが一行三昧で、坐禅こそが一行三昧だと言っています。

スマホを手元に置くと、仕事中にも「週末はどこへ行こうかな」と気もそぞろになったり、仲間と遊んでいるときにも「明日は企画会議だ。どうしたものか」と気持ちが散漫になります。それは心が集中できていない証拠です。つまり一行三昧になっていない。これではいい仕事はできず、一緒に遊んでいる友人も白けてしまいます。

私がここで言いたいのは「坐禅を組みましょう」ということではありません。**仕事も遊びも無我の境地ぐらいになるほど集中しないと「もったいない」**ということです。

せめてスマホをいじる機会を今の半分に減らしませんか？　それでも集中力がない、気が散って仕方がないという人には、「一行三昧」という言葉を心に刻んでいただきたい。そして、勇気を出してスマホをオフにしましょう。

23

美術館や博物館を巡《めぐ》る

温《おん》故《こ》知《ち》新《しん》

クリエイティブな仕事では斬新《ざんしん》さがしばしば要求されます。新鮮味がないと、「ありきたりだな」「こんなの、誰でも考えつくだろ」などと批判され、一蹴されてしまいます。しかし、いいアイデアをひねり出すのは簡単ではありません。

そんな中で、**誰も思いつかない唯一無二のアイデアを生み出せる人がいたらその人は間違いなく天才**です。あの黒澤明《くろさわあきら》監督は、晩年に手掛けた『夢』（一九九〇年公開）の音楽を池辺晋一郎《いけべしんいちろう》氏に依頼した際、ラストの葬列シーンのために「いつの時代のどこの歌ともつかないものを作ってくれ」と言ったそうです。

まさに天才ならではの破天荒《はてんこう》な注文ですが、日本を代表する作曲家となった池辺氏でさえ「そんなムチャクチャな」と呆れたと回想していました。

0から一を生み出せる一握りの天才は歴史に名を残すでしょうが、私たちに求められているのは、そこまでの高いレベルではないはずです。

こんなケースに

斬《ざん》新《しん》なアイデアが閃《ひらめ》かない

アイデアを探す際、頭に入れておきたいのが「温故知新《おんこちしん》」です。これは『論語』為政《いせい》篇の「故《ふる》きを温《たず》ねて新しきを知る」から来た言葉で、昔の事柄をよく学んで、そこから現在に通じる知識や道理を得ようという意味です。

私たちが新しい何かを創作するとき、そのヒントになるようなことは既に先人たちがたくさんやっています。それを「過去のものだから自分には関係ない」と否定したり無視したりするのはおかしなことです。**自分の頭でいくら考えても閃《ひらめ》きがなくアイデアが出てこないときは、謙虚に先人たちの創作に学んだらよい**のです。休日には、美術館や博物館を巡ってみてはどうでしょう。

写真家の森山大道《もりやまだいどう》氏は「過去はいつも新しく、未来はつねに懐かしい」と言っていて、同名の写真集が有名です。言い得て妙ですね。

たとえば、百年前のクラシックカーが斬新に見えたり、最新の建築技術で作られた建物に既視感《きしかん》を覚えることもよくあることです。Z世代が「エモい」と言って昭和歌謡を聴いたり、純喫茶などを巡っているのが話題となりますが、こうした懐古《かいこ》ブームは度々起こります。

昔の人も苦労していろいろなものを生み出したわけで、そこに隠れている様々な創意工夫を見ているうちに、ハッとするような気づきがあるかもしれません。それを自分の仕事にうまく応用できれば、一味もふた味も違った創作物を生み出せるでしょう。

既にあるものにプラスアルファを加えるか、アレンジしたものを生み出せれば、それだけでも十分評価に値します。

24

ご縁のある方を選ぶ

覚《かく》悟《ご》

ある研究によると、私たちは一日に約三万五千回の選択をしているそうです。朝食はご飯かパンか、飲み物はコーヒーか紅茶か、朝食前に顔を洗うかトイレに行くか等々、起きてからおよそ三十分の間だけでもこれだけのリストですから、そのくらいの回数になるのもうなずけます。

一日の選択の中にはどうでもいい物事もあれば、「肩たたきにあった。でも半年後に早期退職すればそれなりの退職金が保障される」とか「夫の不貞《ふてい》行為を知ってしまった。離婚を考えるべきか？」など**人生の針路《しんろ》に関わるような事案が時には降って湧いてきます。**

肝心なのは、簡単には答えを出せない難しい選択を後悔することもなく、「これでいいんだ」と確信を持っておこなえるかです。それはその人が日ごろから「覚悟《かくご》」を持って生きているかどうかにかかっています。

重大局面においては覚悟がないと最適な決断を下すのは難しいでしょう。**覚悟のない人生は不安定**です。

こんなケースに

人生の針《しん》路《ろ》に立たされている

「覚悟」は、仏教では悟りに目覚めるという意味です。「覚」は目覚める、「悟」は悟りです。ブッダを「目覚めた人」とも言うように、仏教語としての「覚悟」には、真理を求めてついに悟りを得るというとても強い意味があります。

一般の社会ではそこから意味が変化して、大事に向き合う気持ちを覚悟と言うようになりました。「覚悟を決める」と言えば、ある状況に対してもはや逃げられないから腹を据《す》えて立ち向かおうということです。

私たちも一瞬一瞬、覚悟を持って生きられたら最高ですが、これは言うは易《やす》しです。それでも、あなたが選択に迷う場面に遭遇したときは、その都度この言葉を思い出してほしいのです。

覚悟を決め、選択に迷うことがないようにするには、自分の中に何らかの判断基準、どちらがいいかを決める物差しが必要です。では、どんな物差しがいいでしょうか？

私が推奨《すいしょう》する物差しは、「迷ったらご縁のある方を選ぶ」です。

損か得かと考えるから我欲が湧き、そこに迷いが生じるのです。**直感的に「これだな」と思ったら、それはもうその方にご縁がある**ということです。たとえそれが大した利益にならなかったとしてもです。逆に、直感的に「何だか気が向かないな」とご縁がないと考えます。

脳科学者の中には、「直観とは脳が過去にインプットした膨大なデータから導き出した最適な回答である」ということを説《と》く方もおられます。ですから直感は意外と侮《あなど》れないのです。

25

ヒーリング音楽に浸《ひた》る

我《が》慢《まん》

いつ頃からか、逆上する、急に怒り出すという意味で「キレる」という言葉が使われるようになりました。学校や家庭で「キレる子ども」が問題になったのは一九九〇年代のことなので、平成に入ってからだと思われます。私の記憶に間違いがなければ、昭和の頃は「キレる」という表現はなかったか、ほとんど使われていませんでした。

ただし、これは戦後の昭和時代の子どもたちが品行方正だったということではありません。親への家庭内暴力や校内暴力が大きな社会問題になったこともあります。

最近は、客による過剰なクレームや迷惑行為を意味するカスタマーハラスメントが問題視されています。度を越した行為は許されないという声が高まり、東京都がカスハラ防止条例の制定を検討するまでになりました。根深い問題だなと思うのは、このカスハラの〝主役〟が大人、特に四十～七十代だという点です。

こんなケースに

キレやすい性格を何とかしたい

なぜ分別《ふんべつ》あるはずの大人がキレてしまうのか？　その分析は専門家に任せるとして、はっきりしているのは、すぐキレてしまう人は、ここまでなら許されるという限度内で踏みとどまることができない、つまり我《が》慢《まん》ができないことです。

この我慢《がまん》という言葉、実は禅語です。「慢《まん》」は煩悩の一つとされ、うぬぼれる心のことです。「我《が》」つまり「私が、私が」という自我意識が膨張している状態のことを言います。ですから、現代の意味とは真逆です。**禅語の我慢は私たちが言う我慢をしていない**のです。

「慢」の字を使った同類の言葉は他にもあり、たとえば「増上慢《ぞうじょうまん》」は悟ったつもりになってうぬぼれる心などです。

このうち増上慢は今も同じような意味で使われますが、我慢は真逆の意味になりました。つらい気持ちや我欲をぐっとこらえて辛抱すること。これが私たちがよく知る我慢の意味です。

キレやすい人は自我意識が強く、知らず知らずのうちに高慢になっているように思います。問題を起こさないためには、その強い自我意識を静めてやる必要があります。

おすすめしたいのはヒーリング音楽に浸《ひた》ることです。大自然に包まれているかのような落ち着いたピアノ演奏、森で採録した水のせせらぎや鳥のさえずりなどは、動画サイトやCDなどで簡単に聴くことができます。そういう音楽に心と体を預けていると、高ぶった自我意識が静まってくるのです。

26

古びた洋服をリメイクする

工《く》夫《ふう》

仕事に行き詰まったときなど、多くの人はいろいろな手立てを探して何かいい方法はないかと考えを巡《めぐ》らします。これが一般的な意味での工夫です。もともとは職人の作業する時間や手間のことを「人夫工手間《にんぷくでま》」と言い、これが縮まって「工夫《くふう》」になったといわれています。

これに対し禅で言うところの「工夫」は、思考する、思案するといった意味に加えて、修行に精進する、一心に取り組むなどの意味がありま す。ありふれた言葉のように見えて、禅語の「工夫」は私たちの生き方に応用できるとても重要な言葉です。

仕事がうまくいかないからといって安易に新しいテクニックや方法に飛びつくのではなく、既に自分が持っているもので解決できないか試してみる。あるいは、持っているものに磨きをかけてそれを生かせるように努力してみる。これがまさに修行に精進する、一心に取り組むということです。何もお寺に行って坐禅を組むことだけが修行ではありません。

こんなケースに

目新しいものに飛び付きがちだ

既にあるもので済ます。これを日常の暮らしを例に取れば、ほころびが出たり、穴が開いてしまった洋服を捨てるのではなく、お直しやリメイクを施《ほどこ》して愛用し続けることは、禅的な意味で立派な「工夫」です。

もちろん、**新しい方法を取り入れても、それによって既にあるものがより生かされるとか、自分の中の眠っていた能力が引き出されるということであれば、それもまた「工夫」**だと言えるでしょう。

話は少々逸《そ》れますが、令和五年夏、関西フィルハーモニー管弦楽団がコンサートで珍しい曲を取り上げました。ミュージカルの大御所、アンドリュー・ロイド＝ウェバーが若い頃に作曲した『レクイエム（死者のためのミサ曲）』です。ヴァイオリンの代わりにシンセサイザーを入れたオーケストラに、テノール、ソプラノ、ボーイ・ソプラノ（声変わりする前の少年の高い声）、混声合唱、そしてオルガンを加えて演奏する教会音楽の傑作です。

関西フィルを指揮した藤岡《ふじおか》幸夫《さちお》氏によると、一番大変だったのはボーイ・ソプラノを見つけることと合唱だったそうです。ボーイ・ソプラノの方は、幸いイギリスから十三歳の少年が来日してくれて解決。合唱については、非常に難しい第七曲「ホザンナ」を、関西フィル合唱団が見事に歌ってくれたと話していました。

難曲のときはプロの歌手たちに入ってもらう合唱団もある中で、関西フィル合唱団は所属メンバーだけで歌い切ったそうです。〝助っ人〟に頼らず、あくまで自分たちの力量を信じて精進を重ね、素晴らしい歌声を聴かせたのです。ここに「工夫」の実践を見る思いがしました。

27

オンオフの切り替えの目印を設《もう》ける

結《けっ》界《かい》

リモートワークで効率的に働けるのは大きなメリットですが、半面、オンとオフの切り替えが難しくなったという悩みを耳にします。電車や車で時間をかけて職場に行って同僚たちと顔を合わせれば、否応なしにスイッチが入り、エンジン全開となりますが、自宅が職場ではそうはいきません。ついダラダラしてしまい、仕事モードにならないというのです。

在宅で働く場合、決定的に重要なのは公私の切り替えをコントロールすることです。それができるかどうかで生産性に大きな違いが表れます。

対策として、日本の「結界《けっかい》」という考え方が参考になると思います。

「結界」は空間を区切るもので、神社なら鳥居、お寺なら門が結界です。大きなお寺に行くと、総門《そうもん》、山門《さんもん》、中雀門《ちゅうじゃくもん》という三つの門があり、三回解脱《げだつ》するという意味を込めてこれを三解脱門《さんげだつもん》と言います。要は門をくぐるごとに空間が清浄になるので参詣者も清らかな気持ちでお参りしてほしいということです。

こんなケースに

在宅勤務だと気分のリセットが難しい

「結界」は日本独特の考え方で、ある目印を境に空間が切り替わるのです。その境目が結界です。茶室の庭などで飛び石の上に棕櫚《しゅろ》縄《なわ》を掛けた石（関守《せきもり》石《いし》）をポンと置いておくと、「ここから先はご遠慮下さい」という意味になります。

また、神社やお寺などで竹の棒を一本横に渡してあるのを見たことはありませんか。脇を通ればいくらでも入れるのに、竹の棒一本が立入禁止の標識代わりになっています。

わざわざ堅固な塀や柵を作る必要はないわけで、ここが海外と日本の感性の違いです。ここから先は立入禁止、ここから先は聖なる領域というように、**目印一つで空間を仕切ってしまう。**その境を越えれば空気が変わるのです。

この考え方は在宅勤務にも応用できます。個室のある方は公私の切り替えがしやすいと思いますが、それでもダラダラしてしまうときは入口に「仕事場」「ワークルーム」などのプレートを貼るのも一つの手です。それを**結界の目印にして仕事空間と生活空間を明確に分けてやれば、オンとオフのスイッチの切り替えがしやすくなる**はずです。

個室がない場合、大きなカーペットを敷いて、そのスペースを特別な空間に仕立てる方法もあります。この場合、カーペットの端のラインが結界というわけです。

28

最初から楽《らく》を覚えない

遊《ゆ》戯《げ》三《ざん》昧《まい》

堀江《ほりえ》貴文《たかふみ》氏が「寿司屋の修行に十年かける意味はない」という発言をし、話題を集めたことがありました。堀江氏は一流の技術を承継《けいしょう》する修行自体を否定しているわけでなく、十年は長すぎると言っています。

職人の世界に残る旧態然とした無駄なものを省《はぶ》き、本人のやる気と才能次第では数年で一流の寿司職人になるのも確かに可能かもしれません。

今はコンプライアンスに厳しい時代ですから、師匠が弟子を叩いたり蹴ったりしたら大問題になります。**昔は入門したての弟子にあえて肉体的、精神的なプレッシャーを与えることで、まず我慢することの大切さを教えました。**これは禅の世界も同様です。

禅には「遊戯三昧《ゆげざんまい》」という教えがあります。「三昧」は何かに夢中になること。そこに「遊戯《ゆうぎ》」という遊び心があるという意味が加わり、損得抜きで没頭することを「遊戯三昧」と言うようになりました。

その対象は遊びでなくてもよいのです。仕事でもいい。「よし、遊戯三昧してやるぞ！」と、**退屈な仕事をどこまで楽しめるか試してみるのも一興《いっきょう》です。**

厳し過ぎる下積みに疑問を感じる

昔読んだ寿司職人さんの本の中に印象的な修行時代のお話がありました。要約すると確かこんなお話だったと記憶しています。

冬の日の早朝、仕込みが終わり、開店に向けて店内を雑巾《ぞうきん》がけしていた。お湯の桶《おけ》に漬けた雑巾を絞っていたところ、親方から「水でやれ」とポカンとやられた。「いや、親方、わざわざ沸かした湯じゃないです。仕込みのときに余った湯です。それにこれで拭《ふ》くと水でやるより綺麗になります」と反論するとまたポカンです。

掃除は退屈な作業です。弟子の彼はそれを少しでも楽しいものに変えようとした。「遊戯三昧」と言えなくもないですね。余ったお湯を再利用し、清掃効果は水よりも高いわけですから親方は理不尽《りふじん》を言っているようにも見えます。すると、親方から次のように言われます。

「よくも思いついたな。でも、お湯は捨てちまいな。いつか自分の店を持ったとき、お前は嬉しくて雑巾がけするはずだ。そのときお湯でやれよ。でもな、この商売は水ものだから繁盛することもあるし、泣く泣く店を畳むことだってあるんだぞ。そしたらお前は他の店に入るだろう。店の女将《おかみ》は小僧だけでなく職人のお前にも雑巾がけを言いつけることだって無きにしも非《あら》ずだ。お湯は使わせてくれないかもよ。そんなことはないと思いたいが、とにかく最初から楽《らく》を覚えるな」

　まずは退屈や理不尽に対する耐久性を身に付けよ。その上での「遊戯三昧」ならば構わないと親方は弟子に伝えたかったのだと思います。

29

目標を周りに宣言する

持《じ》戒《かい》

何をやっても長続きせず、途中で放り出してしまう人が、「これは自分の個性だからこれでいいんですよ」とか「私らしくていいと思う」などと言ったら、言われた方は妙な気持ちになりませんか？　あまり褒《ほ》められない性質を「個性」「自分らしさ」などと開き直られると、この人は生きていくのにこの先、困るだろうなと老婆心《ろうばしん》ながら心配になります。

たとえば、スポーツ競技の世界。苦しい練習を長期間、根気よく続けられない選手が、優れたアスリートになれるとは思えません。

同じことはスポーツに限らず、あらゆる分野について言えること。三日坊主を繰り返す人は、その習性を改めない限り、仕事でもプライベートでもうまくやっていくのは難しいと思います。

三日坊主が習い性になってしまった人は、まずそれを「個性」「自分らしさ」などと開き直ることなく、変えていくべき性質だと謙虚に認めること。それが最初の一歩になります。

こんなケースに

万年三日坊主から脱却したい

仏教には六波羅蜜《ろっぱらみつ》の総称で知られる修行があり、その中には布施《ふせ》、持《じ》戒《かい》、忍辱《にんにく》、精進《しょうじん》、禅定《ぜんじょう》、智慧《ちえ》の六つがあります。このうちの「持戒」は、簡単にいえば、戒律をきちんと守って生きなさいということです。

長続きしない自分を変えるには、何か一つ成功例を作るという方法が有効です。何でもいいから「これならできそうだ」という簡単な課題を見つけましょう。

たとえばダイエット。「一か月で十キロ痩《や》せる」という目標では、意欲的すぎて失敗は目に見えています。一か月十キロ減量には毎日相当ハードなことをやる必要があり、三日坊主間違いなしです。

では、「一か月で一キロ痩せる」ならどうか。これなら無理なくできるのでは？　二日おきに基本的な筋トレをする、間食を控《ひか》える、ご飯を減らして野菜の摂取を増やす、夕食を少し早めにするなどで十分達成可能です。一か月で一キロなんて簡単過ぎると馬鹿にしてはいけません。

このとき、周囲に打ち明けてみんなに応援してもらえば成功の確率は高まります。「一か月で一キロ、半年で六キロ痩せる！」と宣言するのです。**自分を鍛えるという意味では、本当は自分自身に向けて宣言し、それを守った方がいい**のですが、励ましがないと人間はとかく怠惰《だじょう》な方へ流れてしまいます。

自信のない人は周りに宣言して、みんなの支援を受けながら行うと効果的です。

30

一冊の本を読み通す

自《じ》然《ねん》

ワークライフバランスを重要視する時代になりました。モーレツ主義から脱却し、できるだけ残業はせず、より多くの時間を自分や家族のために使おうという考え方が当たり前になってきたのは喜ぶべきことです。仕事は時間との勝負。無駄な作業をできるだけ減らし、ChatGPTなどのＡＩ技術を有効活用し、生産性を高めれば退勤できる時間も早まります。その結果、家族とゆっくり過ごす時間、自分の趣味や旅行などに費やせる時間も増えるでしょう。

ただ、**最近は「できるだけ短い時間で成果を上げたい」という風潮が強すぎる**気もしています。倍速視聴、本の要約や要約動画の流行などはその現れでだと思われます。

性急《せいきゅう》に結果を求める風潮は禅にも影響を及ぼしています。最近人気のマインドフルネスを坐禅と同じと勘違いする人が出てきました。

こんなケースに

高い思考力や分析力を身に付けたい

マインドフルネスは自分の好きな姿勢で行う瞑想法。ジョン・カバット・ジンというマサチューセッツ大学医学部の先生が、フロリダのお寺で禅の修行をしたことをきっかけに考え出されました。

人気が出た理由は、科学がお墨付きを与えたことにあります。「血管が緩んで血流が良くなる」「幸福感をもたらす神経伝達物質セロトニンが出る」「脳波の一種のアルファ波が出るがこれはリラックスしている証拠だ」などマインドフルネスの様々な効用が強調されました。

こうして、「心身に与えるよい影響」という結果を求めて多くの人がマインドフルネスをはじめるようになりました。問題は、それを日本の坐禅と同じものと考えるところにあります。坐禅とマインドフルネスは、形は似ていても全くの別物です。

無心になって内なる自己と向き合うところに坐禅の意義があります。マインドフルネスが重視する様々な効用は後から付いてくるもの、しかも付随《ふずい》的なものに過ぎません。**効用という結果を求めて坐禅をしたら、それはもう坐禅とは言えない**のです。

そのことをよく表しているのが「結果自然成《けっかじねんになる》」という禅語です。「自然」はここでは〝じねん〟と読みます。中国に禅を伝えた達磨大師の言葉で、**何事も結果は後から付いてくる**ものだという意味です。

たとえば、本を要約で読むのと筋やロジックをたどりながら丸ごと一冊読むのとでは、歴然とした違いがあります。一冊の本を読み通す習慣を身に付ければ、知らず知らずのうちに思考力や分析力が鍛えられ、状況や場面に応じて言葉を使い分ける術《すべ》が身に付き、行間を読む力や文学作品なら登場人物の心理を把握《はあく》する力が格段に向上します。

ケルアック、鈴木俊隆老師（当時88歳）と
ご対面＠マンハッタン94丁目の老師宅
まずはお茶でもいかが
ほっほっほっ
こんばんは
はじめまして
お会いできて光栄です
うわっ
本物だよ
小っちゃ
④

憧れの老師を前に質問攻め
⑤
老師、なぜ、
ボッディダルマは
（達磨大師）
西へ来たのでしょう？
ほっほっほっ
お若いの
お茶を入れる間
静かに俳句を
作りなさい

188 ページに続く

第四章

今日が人生最後の日だと思って過ごす

31

「私を信じて任せて」と言う

自由《じゆう》

第一子が生まれた夫婦にとっては、子育ては初めての経験です。こうすればうまくいくというマニュアルはなく、よかれと思ってしたことが時として裏目に出ます。子どものSOSを見逃したり、しつけのつもりが子供の心に反発心を植え付けたりと、失敗を繰り返すこともしばしば。初めてゆえに不本意な育て方をしてしまい、子どもが思春期を経て一人前になる頃には、親子関係に亀裂《きれつ》が入り、越えがたい溝ができてしまうことも珍しいことではありません。

虐待は論外ですが、過保護や過干渉、溺愛《できあい》もあまり褒められたものではないでしょう。親の側は「子のため」と思っているだけに、子離れできない親のおせっかいは悩ましい問題です。

親子関係を煩《わずら》わしく感じて、愚痴《ぐち》をこぼす社会人は少なくない。自然な愛情で結ばれた親と子なのに、その愛が束縛《そくばく》になっているとしたら残念なことです。

こんなケースに

親からの過干渉に困っている

仏教における「自由《じゆう》」は、主に古代インドで使われたサンスクリット語の「ｓｖａｙａｍ」（スヴァヤン）に由来し、他によらずに独立していること、独立自在であることという意味です。

自分というものをしっかり持った個人が、他の人たちと適当な距離感を保って独立し、それぞれの生き方に即して自在に生きる。これが自由ということです。

ただ、現実には人間は家族や企業などのメンバーとして存在していますから、自分が所属する組織にある程度、拘束《こうそく》されるのは仕方のないことです。働くときは働かなければなりませんし、家族があれば家族の面倒をみなければいけない。子どもならやはり親孝行も必要です。いろいろと避けて通れない〝しがらみ〟があるにせよ、それはそれできちんとこなしながら心が縛られていない。これがポイントです。

親子の間でも、切っても切れないその関係性を尊重しつつ、いかに縛られない関係を築くか。親は子が可愛いから干渉してくるわけで、それを煩わしいからとはねつけ、親から逃げていたら、逆に親はどこまでも追いかけてきます。

おせっかいの背後に親の愛情を読み取り、感謝の気持ちを伝えた上で、「もう大人なんだから私を信じて任せて」とハッキリ言うことです。子離れしてほしいと率直に話すのです。

そして、母の日、父の日には花やプレゼントで感謝の気持ちを示し、親の誕生日は家族みんなで祝ってあげるのはどうでしょうか。もちろん、できる範囲で構いません。

32

ボランティア活動をする

出世《しゅっせ》

出世《しゅっせ》すればその分お給料も上がり、経済的にも豊かなります。「課長」「部長」「社長」などの肩書きが付けば、今まで頑張ってきたことの一定の評価だと思い、仕事に対してのモチベーションも上がります。

ただし、**仏教で言う「出世」は、広く使われている意味とは真逆**です。出世は世間から出るという「出・世（間）」が元の意味で、**世俗から離れた仏道修行の道を行くことを出世と言いました。**

出世者と言えば、和尚や僧侶のことです。出世は出家と同じで現代語とは全く意味が違います。

ここで注意していただきたいのは、出世（出家）は隠遁《いんとん》ではないということです。隠遁は世俗との交わりを絶つことですが、僧侶は修行に励んで一時的に世俗を離れたとしても、また世俗に戻ってきます。僧侶には世間の人々、仏教で言う衆生《しゅじょう》を救うために働くという大事な役目があるのです。この点が隠遁との大きな違いです。

こんなケースに

地位や肩書きがないことに劣等感を抱く

僧侶は、様々な悩みを抱えて苦しんでいる人たちに「こういう行動をすれば悩みは和らぎますよ」「こういう生き方をしたらもっと充実した人生を送れるはずです」などと説いて、彼らを導いていかなければなりません。そのためには、世俗と完全に縁を切ってはいけないというのが仏教の基本姿勢です。

ビジネス社会で出世が見込めなくなったビジネスパーソンには、「出世」の持つこうした意味合いに目を向けてほしいと思います。

出世の道が絶たれたとしても、自分の能力はたまたまその会社や組織で評価されなかっただけで、自分の能力を生かせるところは必ずどこかにあるはずです。そういうところを探して転職するのも一つの道です。

その場にとどまり続ける場合は、ボランティア活動などに活躍の場を求め、休日や有給休暇を使って世のため人のために役立つことをするという道もあります。**もしやりがいのある活動に出合えたら、それはまさしく「現代流の出世」**です。

その活動にもいろいろあります。被災地に行って炊き出しをおこない、家の片づけなど力仕事に精を出すのもボランティア活動なら、地域の人たちと公園や河川敷の清掃をし、汚れた河川を魚や生き物が生息できるよう再生させるのもボランティア活動です。子ども食堂の運営に関わっている人もいますね。みなさん素晴らしいです

阪神淡路大震災（一九九五年）以来、日本にもボランティア活動の文化が根付いてきました。自分の能力を役立てる場として、選択肢の一つに入れてみたらいかがでしょうか。

33

マラソンに挑戦する

精《しょう》進《じん》

「精進《しょうじん》」は努力を重ねるという意味で使われますが、元は仏教に由来する言葉です。出家者（僧侶）が心を清く保ちながら修行に精を出すというのが本来の意味です。それを知れば、僧侶が食するものが精進料理と呼ばれていることも理解できます。

つまり、**僧侶が修行に励むことは、心を清らかに保つこと**でもある。そのためには不殺生戒《ふせっしょうかい》を守って肉や魚を食《しょく》さないのが原則です。ですから、禅寺の食事では肉も魚も使わないのです。精進料理は禅寺で使うのと同じような食材、つまり野菜で作ったものが主です。皆さんが法要《ほうよう》などで精進料理をいただくときは、禅僧が食べているものと同じものを食べるわけです。

一般的な調理では出汁にかつお節や煮干しを使うのに対し、精進料理では干しシイタケや昆布、大豆を炒《い》ったものなどを使います。野菜も大根やニンジンなどは普通、食べないで捨ててしまう部分が出ますね。

精進料理ではそれを捨てないで天日干《てんぴぼ》しして、余さず煮て出汁にするのです。そういうものを使って味付けしています。

仕事に物足りなさを感じる

社会人になって今一つ達成感がないという人がいます。学生時代はクラブ活動に参加。県大会出場や全国大会出場を目指して無我夢中で練習し、卒業までに目標を達成したか、完全燃焼してやり切った。そんな経験があると、そつなく仕事をこなしているだけでは物足りなさを感じるようですね。

企業などで働いていると、一人ひとりの社員は組織の歯車の一つにすぎず、自分の担当する業務が会社の掲げる目標とどうつながっているのか見えにくいところがあります。そこでつい「ルーティンワークを適当にこなせばいいや」と投げやりな気持ちになってしまう。

そんな**自分が嫌だという方にやってみてほしいのが「精進」の実践**です。といっても、禅寺に入って雲水修行してくださいということではなく、たとえばマラソンに挑戦するのです。

未経験者が四十二・一九五キロを完走しようと思ったら、修行に臨むような覚悟と継続性が必要です。まずウォーキングからはじめ、体が慣れたらジョギングに切り替えます。次にランニングに移行して十キロマラソン、ハーフマラソンと距離を延ばしていく。フルマラソンを完走すれば大きな達成感が得られるはずです。

プライベートの時間で完全燃焼するものが見つかれば、仕事を違った角度から眺めることに繋がり、また新たな気分で仕事に取り組もうという意欲が湧いてくるのではないでしょうか。

34

毎朝、鏡の前で自問自答する

請《せい》願《がん》

自分で誓いを立てて取り組む。これが「誓願《せいがん》」です。請願があると「誓いに背《そむ》くわけにはいかない」と奮起《ふんき》できます。

請願といえば、アップルの創業者で禅に傾倒していたスティーブ・ジョブズが思い出されます。

ジョブズは毎朝、鏡に映る自分に向かって**「もしも今日が人生の最後の日だとしたら、今日やろうとしていることをやりたいと思うだろうか」と問いかけ、その答えが「ノー」の日があまり多く続く場合には、何かを変える必要がある**と確信したと言っています。

ジョブズは若い頃から三十年以上これを続けてきたと二〇〇五年のスタンフォード大学の卒業式で学生たちの前で語りました。この日の彼は前年に膵臓癌《すいぞうがん》と診断され、治癒《ちゆ》の見込みがなく余命数か月と宣告されながらも奇跡的な回復を見せたのです。そんなこともあって、自身の素直な心情を聴衆に向けて吐露《とろ》したと思われます。

こんなケースに

毎日を充実したものにしたい

自分が立てた請願に照らして、今自分がやっていることは合っているのかどうなのか。それを毎朝確認して一日一日を積み上げていく。ジョブズのやっていたことは禅的生き方そのものです。

映画でも主人公が鏡の前に立ち、自らを鼓《こ》舞《ぶ》させるシーンはよく見かけますね。請願と呼べる映画のワンシーンを挙げてみましょう。

クエンティン・タランティーノ監督の『レザボア・ドッグス』（一九九二年公開）では潜入捜査官（犯罪者に偽装した刑事）を演じるティム・ロスが、自宅マンションの階下に停車する仲間のギャングの車に向かおうとします。玄関の扉を開けかけたところ、鏡の前でいったん踏み留まります。そして、鏡に映る自分をじっと見つめながらこう言います。

「ビビるんじゃねえ。奴らは知らない。何も知らない。痛めつけられることなんてない。奴らはおまえのことを信じてる。なぜならおまえはスーパークールだからだ」

映画という架空の話になりますが、こちらはジョブズとは真逆ですね。「潜入捜査官だとバレて死ぬことはない」つまり「今日が人生の最後の日にはならない」という請願です。癌に侵《おか》されたジョブズ、犯罪者集団に潜入した刑事、どちらも生死を賭けた毎日だという点では一緒です。

私たちはついのほほんと日々を過ごしがちです。それは日本が平和な証拠なので決して悪いことではありません。しかし、毎朝、鏡の前で死を意識してみる。今日が人生の最後の日だと思って悔いなく大胆に生きる。あるいは、今日が人生の最後の日にならぬよう迂闊《うかつ》な言動に注意して生きる。どちらも禅的な生き方であることは間違いありません。

35

うわさは聞き流す

諦《たい》

ある方からこんなお話を聞きました。

最近、自分のSNSに誹謗中傷めいた投稿が繰り返されるのを発見した。すぐに、それをおこなった人物をブロックしたが、匿名性が高いアカウントだったため、結局誰なのかは判明しません。自分は敵が多いから案外身近な人物による仕業《しわざ》だったのかもしれない……とその方は自嘲《じちょう》気味に笑っておられました。

実際の話、**人を疑い出したらキリがありません**。

たとえば、新しい人と一緒に仕事をする場合、相手がどういう人物かわからず、多少は不安な気持ちを覚えるでしょう。その人と実際に会ったことがある人の中で、信用できる人から感想を聞くのがいいですが、それができないケースも多々あります。

こんなケースに

初対面の人に会いに行く

大きなお金が動く取引の場合、事前調査や与信審査はもちろん大切ですが、いったんそれらは脇に置いておいて、**とりあえず相手に直接会ってみて、自分の目と耳で確かめるというのも有効な手段**かと思います。

物の見方や考え方に偏見を持たないで、ありのまま正しく見ることを仏教では「諦《たい》」と言います。

周りの人の評価や世間の目というものは、正しいとは限らない。そういったものを気にし過ぎると、見方にバイアスがかかります。「ありのままをきちんと見なさい」というのがこの「諦」です。偏見や先入観を捨てよと教えているのです。

とはいえ、これは誰でもすぐ実行できることではありません。**ありの

ままを正しく見るためには、自分自身の目が確かなものでなければいけないからです。

人は自分の目、自分の判断に自信が持てないから、必要以上に他人の評価に頼ってしまうとも言えるのです。

その意味では、**うわさは聞き流して、日ごろから色眼鏡を外して物を見る癖をつける**こと。これが重要です。

「周りの人はああ言っているけど、本当かな？」

「あの人は最近休みがちで『たるんでる』と批判されている。でも、個人の問題なのかな？　業務上、何か大きな課題を抱えているのでは？」

絶えずこんなふうに考える癖をつけるのです。色眼鏡を外すとは、情報リテラシーを高めることでもあります。

36

同じ境遇の人と励まし合う

退《たい》屈《くつ》

禅語の「退屈《たいくつ》」は、やることがなくて暇だという普通の意味とはだいぶ違います。読んで字のごとく心が退《しりぞ》き屈《くっ》することで、**修行が厳しくて途中でやめてしまうのが退屈**です。

禅宗の修行僧を雲水《うんすい》といい、私が雲水修行に入ったときは、全部で七十四人いた同期がわずか一か月後には五十九人になりました。「退屈」になった人が十五人もいたわけです。

そのほとんどが朝起きたらいなかったというパターンです。**「やめさせてください」と申し出ることもなく、忽然《こつぜん》と消えた**のです。

雲水の中にはお寺の後継ぎの他、次男、三男もいれば、一般企業に就職した後、志《こころざし》を抱いて入門した人もいます。お寺の子弟《してい》だからといって修行に耐えられるとは限らず、「仕方がないから行ってくるか」という生半可な気持ちの人はどこかで脱落していきます。会社を辞めてきた人は、覚悟が決まっている分、強さがありました。

こんなケースに

子育てが思い通りにならない

振り返ってみて、**私が雲水修行をやり通せたのは、周りに一緒に頑張っていこうという仲間たちがいたから**です。これは私だけでなく、残った者はみんなそう言っていました。

修行に入る日は少しずつズレています。そこで、「一日早く来た人がまだいるのだから自分もあと一日はきっとやれる」とか「一年前にいた人がまだああやって残っている。自分も負けられない」とか、仲間の姿を見て自分を奮い立たせたのです。

当然ですが、辛くて苦しいのは雲水修行だけではありません。それに匹敵する経験をされた方、今されている方も大勢いらっしゃるでしょう。プロ・アマ問わずスポーツの練習は厳しいものですし、自衛隊や警察、消防などの訓練はそれこそ命がけです。各種試験に合格するための受験勉強も修行のようなものです。

何にせよ修行のつらさ、苦しさを乗り越えようと思ったら、同じ境遇の仲間を見つけて励まし合うことです。

考えようによっては、心身をすり減らす育児も修行と言えるかもしれません。いくら言い聞かせても、子どもは親の思い通りには動いてくれないからです。他の子は静かにしているのに自分の子だけが騒ぐこともあるでしょう。赤ちゃんの夜泣きで寝不足になり、ミルクや母乳を与えながら「泣きたいのはこっち」とぼやくお母さんもおられると思います。育児に疲れたら子育てサークルに参加するなど同じ立場にいる人を見つけて話をしてみてはどうでしょう。

37

困ったら周囲に助けを求める

大《だい》丈《じょう》夫《ぶ》

にっちもさっちも行かなくなるとネガティブ思考に陥り、一人で問題を抱え込んでしまうことってありますね。真面目な人ほどそういう傾向があって、いい加減な性格の人の方が、恥も外聞もなく周囲に助けを求めたがる。その結果、問題がかえってオープンになり、解決しやすくなるということは割とよくあります。

「みんなに迷惑をかけたくない」と考える強い責任感の持ち主は、おいそれと助けを求めることができないようです。たとえば、そういう人の業務量が急増したとします。他の人に協力してもらえばいいのですが、彼らが忙しく働いているのを見るとついつい遠慮してしまう。そしてその結果、自分だけに過重労働を課すことで、満足な休養や睡眠が取れずに睡眠障害やうつ病を誘発してしまう。そして、そんな状況を放っておけば、過労死や自死といった最悪のケースが起こることだってあり得ます。これは由々しき問題です。

こんなケースに

オーバーワークに押しつぶされそう

「大丈夫《だいじょうぶ》」は人を安心させるポジティブな言葉です。

仏教における「大丈夫」は、調御丈夫《じょうごじょうぶ》という言葉から来ました。

仏像の開眼や位牌《いはい》の魂入《たまい》れをするときは、僧侶がお経を上げるのが普通です。その経文には「如来《にょらい》　応供《おうぐ》　正遍知《しょうへんち》　明行足《みょうぎょうそく》　善逝《ぜんぜい》　世間解《せけんげ》　無上士《むじょうし》　調御丈夫《じょうごじょうぶ》　天人師《てんにんし》　仏世尊《ぶつせそん》」とあります。

これは仏さまを十種類の言葉で言い換えたもので、その一つが調御丈夫です。

煩悩まみれの大衆に仏の教えを説いて導くことに長《た》けている人。そういう人を仏教では調御丈夫と言い、後に上二文字が取れて「丈夫」になり、強調する「大」が付いて「大丈夫《だいじょうぶ》」になりました。

この「大丈夫（調御丈夫）」に相当するメンター（よき助言者）が身近なところにいるかいないかで、私たちの気持ちは随分《ずいぶん》変わってくると思います。

自分でも「限界だな……」と思ったら、勇気を出して周囲に「助けて」と言いましょう。

できれば気軽に相談できて、「こうした方がいいよ」「手を貸そう」と言ってくれる人がいれば心強いですね。そういう人は、自分にとってのセーフティーネットとなる存在です。

周囲を見渡してメンターになれそうな人を見つけ、日頃から交流しておきたいものです。

38

家族写真や卒業アルバムを眺める

知《ち》恩《おん》

いくら実力があり実績があっても、他人の失敗を厳しく咎《とが》め、ことさら辛く当たるような人は困りものですね。そういう人が職場にいると、みんな失敗を恐れて萎縮《いしゅく》し、職場内の自由闊達《じゆうかったつ》な雰囲気は失われてしまいます。

標的にされた人も、針のムシロに座らされたようなもので、精神的にはいたたまれないはずです。会社を辞められてしまえば元も子もないのに、なぜ辛く当たるのでしょうか。

他人の失敗を許せないという人は、自分も過去に同様の目に遭った可能性があります。自分もかつてミスをして強く責められ、さんざん嫌な思いをしたのかもしれません。

「知恩《ちおん》」は読んで字の如く恩を知るという意味ですが、**他人にむやみやたらと厳しく当たる人は、それまでに受けた恩を忘れているの**です。

こんなケースに

他人の失敗を許せる気がしない

私たちは便利な暮らしに慣れています。スーパーに行けば豊富な品々に溢れ、ネットで好きな物を注文すればその日に家に到着する。そうなったのは、商品やサービスを提供する側の「儲《もう》けたい」という利潤追求という側面もありますが、「喜んでもらいたい」という人の心がそこにはあるはずです。目には見えないのですが、無数の善意によって私たちは支えられています。

他人を無慈悲に責め立てているその人も、親や家族に忍耐強く育ててもらい、学校の先生、友人、地域コミュニティなど多くの人たちのお陰で社会に出て、ひとかどの人物になれたはずです。それは当たり前のことでしょうか？

決してそうではないと気づくことが「知恩」です。そして、ご恩を知って感謝する心が芽生えれば、今度は受けた恩を返していこうと思えるようになります。

過去に人から責められ嫌な思いをした人も、成長する過程ではそれをはるかに上回る善意を受けてきたに違いありません。**屈辱的な過去をいつまでも引きずって、他人にも強く当たるのはお門違い**というもの。まずは過去を振り返って自分が受けたご恩を思い出してみることが大切です。

たとえば、戸棚の奥に仕舞った家族写真や卒業アルバムを引っ張り出して眺めてみるのです。スマホであれば、過去に自分と関わりのあった人たちの画像をスクロールしてみる。つまりはバーチャル邂逅《かいこう》です。学生時代のバイト仲間、前の職場の忘年会……そこに写るのが嫌な思い出ばかりだったとしても、「ああ、この方にはお世話になったな」と思える写真の一つ二つぐらいは見つかるはずです。

39

自分の持ち味を見つける

徹《てっ》底《てい》

仏教でいう「徹底《てってい》」とは、底の底まで到達すること、行けるところまで行くことという意味で、「中途半端でなく、どこまでもやりぬくさま」という一般的な意味もそこから来ています。最後までやり切らないと、一流はおろか二流、三流にもなれず、いつまで経っても半人前です。

たとえば、プレゼンではしどろもどろ、営業成績もパッとしない。周囲から期待されている割にはその期待に応えられていない。そんな悩みを抱えている人はいませんか。

周囲から期待されているということは、まだ伸び代《しろ》があるということです。どこに問題があるのか探ると同時に、**自分は徹底的にやっているのかと自問自答してみましょう**。

徹底的にやるといっても、何でも闇雲《やみくも》にやればいいというわけではありません。成績トップの人をただそのまま真似をしても意味がなく、やはり自分の持ち味を生かすことを考えるべきです。

こんなケースに

周囲の期待を裏切りがちだ

肝心なことは、自分は何がやれるのか？　自分の持ち味は何なのか？　自分の持ち味を生かせる場所はどこなのか？　を見つけることです。

極論を言ってしまえば、自分の持ち味が見つかるまではいろいろなことに手を出してもいい。職だって転々としてもいい。でも、見つかったら腰を据えて取り組むことです。途中で投げ出してはいけません。とことんやり抜くことで人は一人前になれるのです。

たとえば、立て板に水のようにしゃべるのが得意だという人は、「その技術を生かせているか？」と考えてみるのです。会話は相手があって成立するもの。相手に話を聞く気がなければ、どんなに魅力的な話をしても馬《ば》耳《じ》東《とう》風《ふう》です。それなら、相手に話を聞いてみようと思わせる方法を研究し、そういうことが上手な人の真似をすればよい。それができるようになれば、自分の得意分野（しゃべること）が生きてきます。

もう二十年ほど前のことになるでしょうか。電車の中で一心不乱に手紙を書いている年配の方をお見かけしました。便箋はがきに一枚書いては次、また次と万年筆でサラサラ書き続けているので不思議に思って見ると、その方はどうやら営業職の方でした。「季節もだいぶ暖かくなりました。……」と時候《じこう》の挨拶とともに、お礼やら感想やらを書き綴っています。

私の勝手な推測では、話すのは得意ではなさそうでした。でも、達筆で筆まめなのです。だからはがきで勝負するというのがその方の流儀だったのでしょう。この方のように**自分だけの流儀を愚直《ぐちょく》なまでに実践してみるのも立派**だなと思いました。

40

深呼吸する

忍《にん》辱《にく》

今のようにネットから診察時間を予約できるというシステムがなかった時代、病院の待合室でキレている方を見かけたことがあります。

その方は受付してから三時間が経過しても名前が呼ばれないことに腹を立てていました。その出来事をきっかけに隣に座る方とお話をしたところ、「私も三時間待っているんだよ」とのことでした。

大半の方々は借りてきた猫のように大人しくシートに座っておられたので、怒る人に対して「みっともない」という表情をしていました。

逆に、私は**抗議の声を上げることは大切**だなと思いました。たった一人でも誰も声を上げないと、狭い待合室に来院者を長時間待たせて平気な顔をしていた病院側の旧態然とした体制は永遠に変わらないと思ったからです。ただ、そう言っても**怒りに任せてキレとしまうと他人の賛同を得にくい**ですね。

理不尽に抗議の声を上げる

「忍辱《にんにく》」は怒りの抑制に鍵となる言葉で、耐え忍びながら頑張ることです。

やはり何をするにしても、つらいこと、大変なことはあるわけで、耐えるべき時は耐えなければいけないというのは永遠の真理です。人生山あり谷ありで、はらわたが煮えくりかえるようなこともありますが、そういう時こそ忍耐のしどころです

腹の立つことがあったときは、まず斜《しゃ》に構えないことです。これは自分を成長させてくれるチャンスだと思った方がいい。物事は乗り越えられないものはほとんどないと私は思っています。真剣に臨《のぞ》めば必ず道は開けていきますから。

ただ、**時には相手に怒っていい**と思います。その場合、たとえ**堪忍**《かんにん》

袋《ぶくろ》の緒《お》が切れたとしても、理性を失うような怒り方はよくない。

たとえば、頭にくることがあっても、「こんな会社、辞めてやる！」と短気を起こさないこと。まずは深呼吸する。いったん外に出たりして、気持ちを落ち着かせるのもいいでしょう。会社を辞めるのはいつでもできるから早まった行動を取るのは考え物です。

また、**怒りに身を任せて発言すると、相手がおこなった由々《ゆゆ》しき言動に対してではなく、相手の容姿、年齢、性別、出自、職業、学歴、国籍といった問題の本質とは関係ないところを突いてしまう危険性がありま す。**「女の分際《ぶんざい》で！」とか「このハゲー！」といった暴言や問題発言などはこのケースです。昔はセーフだったケースも今はそれが許されません。言われた方は「それはハラスメントだ！」として裁判を起こすなどの反撃に出る可能性だって十分あり得えます。くれぐれもご自分の言動にはご注意ください。

ジャック・ケルアック　鈴木俊隆老師に会う〈その三〉

おしまい

第五章

人は全てを持って生まれてくる

41

一日の終わりに乾杯する

無《ぶ》事《じ》

結婚して会社を辞めた女性の中には、それまでに培《つち》った技能や知識を生かせる場所がなく、ご近所のパートで我慢している人も大勢おられるとお聞きします。

また、そういうご事情がおありの方の中には、これといった出会いもなく一人暮らしを続けていて寂《さび》しいとか、結婚はしたものの一時の熱が冷めて平凡な毎日があるだけ、何て人生は単調でつまらないものなんだろうと語られる方もおられます。

しかしこれは、この国に生まれたゆえの贅沢な悩みかもしれません。失業者の多い国では働こうにも仕事がなく、たとえば、中国の若年層の失業率は都市部で二十パーセントだそうです。お悩みの本質が「仕事が有る無い」の話ではないのかもしれませんが、**広い世界を見渡して見ると、仕事があって毎日働けるのは当たり前のことでもない**のです。

こんなケースに

毎日が退屈で味気ない

「無《ぶ》事《じ》是《これ》貴《き》人《にん》」という禅語があります。文字面だけ見れば、何事もなく平穏に生きている人は貴《とおと》い人だという意味に取れますが、この何事もない無事の人というのは、実は悟りを開いた人のことです。何ものにも捉われない高い境地に達した人は、何が起きようと動じることがなく、平穏無事だというのが本来の意味です。

「無事是貴人」は茶の湯の世界でも好まれました。ただし、今では「今年一年、平穏無事に過ごせてよかった」という意味で、主に師走《しわす》の茶会の掛け軸などに使われることが多いようです。私たちが普段使う「無事」も同様のニュアンスですね。

何もないというのは喜ばしいことです。実のところ、何かあったら大変です。災害が起きれば平穏な日常は吹き飛び、インフレや不況になれば生活は困窮《こんきゅう》します。会社も、経営状態が悪化すれば給与カットや人員削減は避けられず、従業員は「仕事がつまらない」とか「退屈だ」とか言っていられなくなります。最悪の場合、倒産により解雇され、路頭に迷う恐れすらあるのです。

そう考えると、**毎日が退屈でつまらないのは幸せな証拠**という見方もできます。自分は幸せなのだと思えば気持ちが前向きになり、「もっと面白いこと、楽しいことはないか探してみよう」と行動を起こすきっかけにもなります。そこで具体的に何かしてみたところ、本当に面白いこと、楽しいことに出合えたということが起こるかもしれません。

平穏無事ほど有り難いものはないのですから、一日の仕事を終えたら感謝の印にビールで乾杯してみるのはどうでしょうか。もちろん、ハイボール、酎ハイ、ジュース、ノンアルコール飲料でもいいのです。

42

自分の芝生を青くする

分《ふん》別《べつ》

「分別《ふんべつ》」は「はからう」とか「物事の善悪是非《ぜんあくぜひ》を明らかにする」という意味で、「分別をわきまえている」「分別のある人」のように、普通は良い意味で使われます。

ところが、**禅はこの分別を嫌います。なぜかというと、分別は善と悪、是と非、美と醜、自分と他人、損得、貧富などのように単純な二元論《にげんろん》に立っているからです。**

二元論は往々にして対立を生み出します。自分と他人の区別がそのいい例で、自他の区別をことさら強調すれば両者の関係はよそよそしくなり、対立は何かの拍子に敵対関係へ発展することさえあります。自他の和合や協調という本来あるべき相互関係が失われてしまうのです。

こんなケースに

他人の人生を羨《うらや》ましく思う

たとえば、「結婚する・しない」の「分別」について言えば、その人の価値観判断です。正解はないでしょう。

政府は男女平等化対策を推し進めていますが、十分なサポート体制が整わないままだと、仕事と家庭の両立は難しくなります。現実問題として家事・育児の負担はまだ女性に偏《かたよ》っているようです。結婚もしたいけど、思う存分仕事もしたいと考えている女性が、結婚に二の足を踏み、結婚しないままでいるというケースは少なくないようです。

また、今は積極的に結婚を選択しないという女性が増えています。それも一つの生き方であり、自ら選び取った道です。とはいえ、同級生や同年代の人が家庭を築き、子どももいて幸せそうに暮らしているのを見て、羨《うらや》ましいという女性からのお悩みをたまに受けることがあります。

そんなときは、いいじゃありませんか、向こう様にしてみれば、家庭や子どもに縛られないあなたのことを羨ましいと思っているはずですよ。今の生活を謳歌《おうか》しましょうよ、といったんはお答えしています。

他人を自分と同じ土俵に乗せて、「ああだ、こうだ」と思い悩む人は割と多いです。隣の芝生は青く見えます。そういう人に言いたいのは、**比較することを今すぐやめて、あなたの人生の中の美点を見直してほしい**ということです。自分の芝生を青くする努力をしましょう。

私たちは社会の風潮や空気で判断するのではなく、しっかりと自分の心の目で見て選択を下さなければなりません。選択の結果を他人と比較して落ち込むのは、「分別」の誤りです。

43

昔の上司や先輩を訪ねてみる

報《ほう》恩《おん》

「報恩《ほうおん》」は「知恩」や「感謝」とセットになる言葉です。お釈迦さまはどれも大事だと言われました。仏教には「報恩感謝」という言葉もあります。

恩を知ることで感謝する心が生まれ、感謝したらその恩にどうやって報《むく》いるかが次のステップになります。

まずは自分が直接間接に様々なかたちで恩を受けてきたことに気づくこと。これが出発点です。普通はなかなか気づけないものです。「自分は誰の世話にもなっていない。自分の力でここまでやってきた」などと考えやすいのです。しかし前にも述べたように、それは傲慢《ごうまん》な考えであり、適切とは言えません。

その次に、**恩を受けたという自覚を踏まえて、今度はどうやったら社会に恩を返していけるか、社会に貢献できるかを考える。**それが「報恩」です。

こんなケースに

仕事に慣れてきて倦怠気味

仏教では自分の利益のためだけに生きるのではなく、社会の利益になるようなことをしよう、社会に貢献しようと説きます。それが報恩、すなわち恩返しになるのです。

社会に出て一人前になるまでの期間は業種によって異なります。二、三年という業界もあるでしょうし、七、八年というところもあるでしょう。自治体職員などは十年程度で様々な部署を経験して一人前になると聞いたことがあります。

最初のうちはやることなすこと新鮮で刺激的だったのが、仕事に慣れて何でもこなせるようになると、先々どうなるかがだいたい見えてきて一種の倦怠《けんたい》期《き》に入ります。

「最近、仕事が面白くないなあ。忙しいだけで喜びを感じない」

そんな感想が口をついて出るようになるのは三十歳前後でしょうか。すっきりしない気持ちを抱えたまま漫然《まんぜん》と働き続けたところで、気が晴れることはありません。思い切って昔お世話になった先輩やかつての上司と連絡を取り、飲みに行くとかランチやディナーなどにお誘いしてみたらどうでしょうか。

仕事上の倦怠期に入ったとき、彼らとざっくばらんに話しながら自分の立ち位置を改めて確認するのはよい試みです。**壮年ともなれば、多くの人が仕事を通じてどうやって社会に貢献しようか考えています。**そんな彼らと交流することは、**自分は何を生業《なりわい》とし、それをどう社会に役立てていくのか自問自答するよい機会**になります。答えを見つけてリスタートできたら、それはきっと報恩につながるでしょう。

44

得意なことを手放す

忘《ぼう》牛《ぎゅう》存《ぞん》人《じん》

街中を歩いていると、どこからか聞こえてくる竹刀《しない》を打ち合う音や「ヤァー、ウァー」といった奇声に遭遇することがあります。道場で稽古に励んでいるのは、仕事帰りの会社員や学生さんたちでしょうか。

ここに、普段は会社勤めをしながら剣道の道に励む方がいます。相当な腕前ですが、最近は試合で思うように勝てないことに苛立《いらだ》っているようです。

「自分は面が得意だから面で一本取ろう」と試合に臨むと、相手の胴や小手に隙が生まれてもつい見逃してしまう。そのうち、自分の面を取られてしまっているのだとか。

自分の得意技である面を繰り出して勝ちたいと思う。しかし、相手も面で挑んできて、それで負けるのだから皮肉な話です。

禅では、いくら得意なことでも、いったん手放すことが必要だと説いています。

こんなケースに

自分の得意が全く通用しない

「縛られない」「手放す」といった心の持ち方は、禅の特徴です。

禅には、段階を追って修行を深めていく過程を十枚の絵で描いた「十《じゅう》牛《ぎゅう》図《ず》」というものがあります。

十牛図とは「本来の自己」という人が生まれながらに持っている一点の曇りもない美しい心、悟りの心を牛に喩えた段階図です。人が悟りを開く過程を絵で説明しています。（左ページ参照）

十牛図の一番目は「尋牛《じんぎゅう》」と言って、少年が牛を探しに出るところからはじまります。牛の足跡を見つけるのが二番目で、次に少年は牛そのものを見つけて捕まえようと奮闘し、牛を手なずけることに成功したのが五番目の「牧牛《ぼくぎゅう》」、六番目に少年は牛の背に乗って自分の家に帰ります。

ここで初めて本来の自己をしっかりつかむことができました。

そして、七番目が「忘牛存人《ぼうぎゅうぞんじん》」。家に帰った少年は捕まえた牛を放してしまい、放したことも忘れてのんびりしています。それは**苦労の末に悟りを開いたけれども、そんなことすら忘れて心が自由になっている**ことを示したものです。このことからわかることは、**悟ったことさえそれにこだわれば執着になり、慢心することになります。だから「手放す」**のです。

先ほどの剣道の話で言えば、得意技を体得しても、それに縛られることなくいったん手放してみる。そうすれば、より柔軟に、臨機応変《りんきおうへん》に相手に対応できるでしょう。

45

うるさいは活気があるとして赦《ゆる》す

迷《めい》惑《わく》

大勢の人が利用する公共交通機関、電車やバスの中でヘッドフォンから音楽を音漏《も》れさせている乗客に出くわしたりすると、「迷惑《めいわく》だなぁ」と思う方は少なくないと思います。

実は、この「迷惑」も仏教由来の言葉です。**仏教では、人が道理を見失うことを「迷惑」と言います。**

私たちが「迷惑」と言うとき、他人への配慮を欠いた行為そのものを指すことが多いと思いますが、仏教の観点では、人の心が真理から離れ、彷徨《さまよ》っている状態のことを指します。

先ほどの公共機関で音漏れをさせている乗客を、「迷惑だなぁ」と思いつつ、「この人、あまりよい精神状態でないのかもしれないな」と気づければ、それこそが仏教で言う「迷惑」ということになるでしょう。

こんなケースに

雑音や生活音が気に障《さわ》る

先日、こんな話を海外から帰国した知人の女性から聞きました。

海外旅行が趣味の知人は、今回は東南アジアのある地方都市を来訪。訪れた場所にはブランドショップやお洒落なカフェはないけど、若者の姿が目立ち、彼らがバイクで街を流す光景は活気があり、高度成長期の日本を彷彿《ほうふつ》させたと言います。また、そこかしこでカラオケの爆音が聴こえてくるので非常に驚いたそうです。公道に機器を設置し好きな音楽を流す人がいたり、バーや飲食店からも騒々しい歌声が響いてきます。

知人は現地の友人女性に「迷惑じゃないの？」と聞いたところ、「何が？」と怪訝《けげん》な顔をされました。続いて彼女が言ったのは「ぜんぜん気にならない。だって自分だってカラオケをやることがあるから」でした。

これに似たお話ですが、**日本では子どもたちに「人に迷惑をかけないようにしなさい」と教えますが、お釈迦さま、達磨大師を輩出したインドでは子どもたちに「人に迷惑をかけて生きているのだから、人のことも赦《ゆる》してあげなさい」と教える**そうです。

日本人は騒音に対して特に敏感な国民だと言われています。子どもの遊ぶ声が「うるさい」と、近隣住民が幼稚園や公園を閉鎖するよう要請するトラブルが度々起こっています。もし高度成長期の日本でそんな文句を言えば、「あなただって昔は子どもだったでしょうに」と一蹴《いっしゅう》されたでしょう。私たち日本人はさまざまな人が織りなす生活音に耐えられないほど活気を失い、寛容《かんよう》な心を失っていると思います。

人の心が真理から離れ、彷徨っている状態のことを仏教本来の「迷惑」と言うならば、ヘッドフォンからの音漏れを気にかけてしまう精神状態も「迷惑」であると言えるでしょう。

46

公園でのんびり食事する

滅《めつ》

お釈迦さまが説かれた教えは今日、仏教としてアジア各地で受容されています。仏教の経典は膨大で教義も様々ですが、誤解を恐れずにひと言で言えば、「人生の苦を滅してこそ幸福になれる」というのが教えの核心です。

ここに出てくる「滅《めつ》」は仏教がとても大切にしている言葉で、「煩悩《ぼんのう》を滅しなさい」「欲望を滅しなさい」といった言い方でよく使われます。この「滅する」を〝なくす〟の意味に受け取る人がいますが、それでは仏教が人間離れしたことを要求していることになり、現実的とは言えません。**人間は生きている以上、食欲もあれば睡眠欲も性欲もあるわけで、それらを全部なくすことは土台《どだい》、無理な相談**です。

そもそも欲望をなくしてしまえば、人類そのものが存続できなくなります。食べない、寝ない、交わりもないとしたら、命を繋ぐこともできないからです。

こんなケースに

暴飲暴食をやめたい

「滅」の原語、サンスクリット語のn·i r o d h a（ニローダ）には〝制止〟という意味があり、「滅する」は〝なくす〟ではなく、〝制御する〟〝コントロールする〟という意味に解するのがよいとされています。**欲望は欲望として認めて、それに振り回されないようにする**ということですね。

昔は「欲望の家臣になるのではなく、その主人になれ」などと言いました。**欲望を自分で主体的にコントロールする**こと。これが一見簡単そうで、実はとても難しいのです。

たとえば、食欲が暴走して暴飲暴食をやめられない人がいます。本人にやめる気がなければどうにもなりませんが、やめたいと思っているのであれば方法はあります。

暴飲暴食しているときは、食べたり飲んだりしているものをきちんと味わっている状態ではないと考えられます。ただひたすらお腹に流し込んでいるだけですね。

満腹感が脳に伝わり「これ以上食べるのをやめなさい」と指令するには一定の時間がかかるため、その指令が出る前に早食い早飲みをしてしまっている。これを避けるには、ゆっくり時間をかけて食べるしかありません。一口一口よく噛んで、味わって食べるのです。たとえば、最初に野菜をたくさん食べてある程度お腹を満たしておけば、満腹中枢が働きやすくなります。

春や秋の天気のいい日なら、公園などで食べるのもよい案です。ベンチに腰掛けて、花を愛《め》でたり、楽しそうに遊ぶ子どもたちの姿を眺めながらのんびり食事をすれば自ずと食べ物の味もひときわ美味しく感じられるでしょう。

47

自分が最も集中できる状況を作り出す

運《うん》心《しん》

音楽を聴きながら仕事をしたり、勉強をしたりする「ながら作業」と呼ばれるものがあります。「ながら作業」は、かつてはよくない意味で使われていたのですが、音楽を聴くとモチベーションが上がったり、リラックス効果もあるので、実際に取り入れたら作業や勉強が捗《はかど》ったと感じている人は少なくないでしょう。

禅語の「運心《うんしん》」という言葉は、一つのことに心を集中させるという意味です。**「運心」を要する職業の人たちには、「ながら作業」が向いていないような気もしますが、それも一概《いちがい》には言えない**ようです。

たとえば、手術中に音楽をかけるお医者さんも珍しくないと聞きます。それは患者さんの緊張を緩和《かんわ》してあげるためなのですが、執刀《しっとう》する医師にとっても沈黙の中での手術は緊張するので、何かしらバックミュージックが流れているほうがやりやすいということだそうです。

こんなケースに

「ゾーン」の状態に入りたい

人里離れた禅寺を訪ねると、まわりが静寂《せいじゃく》に包まれて心が安らぎを覚えます。ただ、全くの無音かというとそうでもなく、耳を澄《す》ませば、風が木《こ》の葉を揺らすザワザワという音や小川のせせらぎに気づくでしょう。夏は蝉《せみ》の鳴く声が結構うるさかったりします。野鳥の囀《さえず》る音もたくさん聴こえてきます。都会ではまず聴くことのできない啄木鳥《きつつき》が木を叩く音も耳にできます。

「とんちの一休さん」こと一休和尚はカラスの鳴き声を聞いて、大悟した（悟りを開くこと）と言われています。「運心」すなわち一つのことに**心を集中させるきっかけは意外なところにあるもの**なのです。

この逸話を現代に置きかえてみれば、その人が**集中できる状況はその**

人自身が試行錯誤《しこうさくご》して探し出すのが一番いいということになります。お坊さんだって大悟に至る過程は人それぞれ。大事なプレゼンを前に緊張する部下に、「こうすれば集中できるよ」と自分の方法を教えてあげたところで、参考にはなりますが、正直あまり意味がないと思います。

試合に臨むアスリートが、競技会場に入るときに右足から、あるいは左足からのどちらかの足に決めているという話をよく聞きますね。これなどはつまり、「運心」呼び込むための儀式です。その儀式は全てのアスリートにとって効くわけではありません。一流選手はそれぞれ独自の方法を持っています。

ちなみに、スポーツの世界では集中力が極限まで高まり、感覚が研《と》ぎ澄まされたように感じる状態のことを「ゾーン」と言いますが、これはまさしく「運心」のことでしょう。

48

坐禅会に参加する

色《しき》即《そく》是《ぜ》空《くう》

「色即是空《しきそくぜくう》、空即是色《くうそくぜしき》」は般若心経《はんにゃしんぎょう》の有名な一節です。般若心経が言おうとしているのは、あらゆる存在は実体がなく、変化し、無常であるということです。

色《しき》は物や物質のこと。物は全て移ろい、変化し、同一の状態に留《とど》まっているものは何一つありません。すなわち無常であるということで、これを空《くう》と呼びます。これが色即是空です。実体がないけれども、一瞬の姿を切り取れば、そこに色（物や物質）は存在している。結局、色と空はイコールで結ばれるわけです、

たとえば、**昨日の自分と今日の自分は同じではない**のです。確実に一日老いています。しかし、私たちはそうは思いたくない。同じなんだ、変わっていないと思いたい。すると、いつまでも若さに執着して、老いを受け入れられずに苦しむことになります。

こんなケースに

自分を「終わった人」として評価された

ビジネス社会で出世コースから脱落した人は落伍者、負け犬、終わった人のように見られることがあります。中には、そのことで屈辱感にさいなまれ、落ち込む人もいますが、それこそ「色即是空」の道理を知らない人間の姿です。

地位や肩書に実体はありません。所詮は世間が都合よく作った物差しに過ぎず、手に入られたとしても、あっという間に失うということもある。そんな移ろいやすいシロモノです。

ですから、功《こう》を成すこと自体を目的化してしまうのは考えものです。もちろん世の中で大きなことを成し遂げるには、出世の階段を駆け上がり組織のトップになることが必要な場合もあります。そうであるならば、命の尊さや有り難さにも気づき、その上で何をもって社会に貢献できるか、自分の道をどれだけ極《きわ》めたか、そういうことも同時に考えてほしいと思います。

出世コースから脱落して落ち込んでいるなら、禅寺の坐禅会に参加してみることをおすすめします。坐禅会に集まってくるのは学生、会社員、経営者、起業家、一つの道を極めようとしている人、主婦、定年退職した人と多彩です。坐禅といえば昔は、男性のイメージが強かったのですが、最近は女性で参禅する人が増えました。

仏さまの前では地位の高低には何の意味もありません。出世にこだわる自分などちっぽけな存在でしかない。坐禅会はそのことに気づかせてくれるのです。

49

仏像をお参《まい》りする

慈《じ》悲《ひ》

近年、仏像鑑賞がブームで、その手の本がよく売れているそうです。仏像の主役は悟りを開いた人を表す如来《にょらい》ですが、悟りを開く前段階で修行中の菩薩《ぼさつ》も大切な存在です。人気という点では如来の上を行くかもしれません。その理由は、菩薩は自ら修行するとともに、人々を救うためにあらゆる手を尽くして活動するからです。

中でも「慈悲《じひ》」の象徴とされるのが観音《かんのん》菩薩です。「抜苦与楽《ばっくよらく》」という言葉をご存じでしょうか。これは菩薩が人々を憐《あわ》れんで、苦を取り除いて楽しみを与えることを言います。「音を観る」と書いて観音。音を観るとは、声を聞くこと。人々の苦しみなどの声を聞いて抜苦与楽、すなわち救いをもたらすのが観音さまのお役です。

慈悲の心で接することは、仏教の教えの根本中の根本です。相手の立場に立って話を聞き、相手の立場で物を見る。それを踏まえてどうしたらいいか、自分に何ができるかを考える。それが慈悲深い態度です。

こんなケースに

「冷たい人だ」とよく言われる

困っている人を助けてくれるのが観音さまだとしたら、助けを求めている人を拒絶して我関《われかん》せずの態度を取るのは冷たい人です。助けと言われても、できないことを求められても困りますが、できるのにやらなければ「冷たい奴だ」と白い目で見られるでしょう。

以前、コンビニのマルチコピー機のところで、「コピーはどうやればいいのかしら?」とお年寄りの女性がコピーを終えた人に聞いていました。その人は「店員に聞いたらどうですか」と言い放って行ってしまい、「そのくらい教えてあげたらいいのに」と思ったことがあります。

電車の優先席の前でお年寄りがやっとのことで立っているのに、それに気づいているはずの若い人が知らん顔で座り続けているのも冷たい態度です。

人から冷たい人と言われ、後ろ指を指される人は、慈悲の心が欠けているのです。しかし、一方的にそれを責めるのも気の毒です。というのは、**人から優しくされたことのない人は、人に優しくすることができない**からです。何か理由があって「優しくしよう」という気持ちが湧いてこないのかもしれません。

そんな人はお寺を訪ね、仏さま（仏像）をお参《まい》りするとよいと思います。境内《けいだい》に足を踏み入れ、聖なる空間に身を浸すだけでも心に何かしらの変化が起きます。せっかくなら観音菩薩を拝観して慈悲のシャワーを全身に浴びてみましょう。

50

髪型を変えてみる

露《ろ》堂《どう》堂《どう》

人間関係で軋轢《あつれき》が生じないように、異なる考えの人や相容《あいい》れない考えの人と調子を合わせていると八方美人《はっぽうびじん》になってしまいます。

Ａさんとよい関係を結びたいからと、Ａさんに「あなたのおっしゃる通りです」と言いながら、別の考えを持つＢさんに対して「そうそう。それが正しいですよ。私もそうしようと思います」と言い、Ｂさんと相容れない考えのＣさんには、「実は私もそう思っていました。気が合いますね」などと言う。これが典型的な八方美人です。

結局、**相手に合わせることを優先して自分の考えを言わないから八方美人になる**のです。それは自分を偽《いつわ》っていることに他なりません。しかし、自分の考えのある人はまだいい方で、相手に合わせているうちに、どれが自分の考えなのかわからなくなり、空っぽの自分しかなくなってしまう人もいます。

こんなケースに

他人の意見に合わせてしまいがち

禅語に「露《ろ》堂《どう》堂《どう》」という言葉があります。「露」は〝露《あら》わ〟のことで、「露堂堂」はこの世のものは何一つ包み隠さず露わになっているという意味です。自然がまさしくそうで、自然は隠れているところがあっても、そこはまだ人の目が届いていないというだけで、この世界に既にすっかり露わになっています。

自然には損得や貴賤《きせん》や美醜《びしゅう》など俗世の常である「はからいごと」は一切なく、自然の道理に従って今の姿があるだけです。したがって**自然は仏さまの姿そのまま**とも言えるのです。このことは「山《さん》川《せん》草《そう》木《もく》悉《しつ》有《う》仏《ぶっ》性《しょう》」（存在する全てのものに仏性が宿る）という言葉にも明らかです。

禅では、**私たち人間も「はからいごと」を超えて自然の道理に沿って**

生きたらよいと教えています。その意味で、露堂堂は八方美人の対極にある生き方です。**自分を偽るのをやめ、包み隠さず露わにして生きればいい**のです。

先ほどの例に戻ると、Aさんに対して「このお考えには共感します」と言い、Bさんに「一部同意しかねますが、この点は同意できます」、Cさんに「こういうお考えなら私も納得できます」などと言えば、これは露堂堂です。自分の考えを包み隠さず出して是々非々《ぜぜひひ》の姿勢を取り、同調できるところ、意見の合うところを探していくのです。

簡単に八方美人をやめられないという人は、イメージチェンジを演出して、それを機に露堂堂の生き方に切り替えたらどうでしょうか。たとえば髪型を変えてみるとか。髪型を変えてガラリと変わった自分をアピールするのは、周囲に受け入れられやすいやり方です。

51

片付けをする

脚《きゃっ》下《か》照《しょう》顧《こ》

規則正しい生活ができれば健康的で気分もすっきりしますが、現実にはそうもいきません。アフターファイブは楽しいことだらけです。夜の街では魅力的なお店や施設が「おいでおいで」をしていますし、早く帰宅してもネットで映画やドラマを見たり、ゲームに興じたりするうちに、あっという間に時間が経ってしまいます。

平日寝ぼけ眼で出社したかと思えば、休日は昼までベッドの中という、いかにも不規則な生活をしている人は少なくないと思われます。

生活の乱れと心の乱れは不即不離《ふそくふり》（切っても切れない関係のこと）です。本当は規則正しく生活したいのですが、思うようにならないとイライラが募《つの》り、やることなすこと全てがぞんざいになってしまいます。

こんなケースに

不規則な生活に陥《おちい》っている

部屋には物が散らばっていて足の踏み場もなく、しかも四隅は埃《あか》だらけで、洗濯物は積み上がり、トイレの便器は黄ばみで汚れ、バスルームにはカビが生えていた。そんなことになってはないでしょうか。所帯を持った人はともかく、一人暮らしの人には十分あり得る事態です。

何とかしなければと思った人は、思い立ったが吉日《きちじつ》、週末を自宅や自室の掃除と片付けに充《あ》てましょう。やるからには心を込めておこないます。特にトイレ掃除は念入りに。

禅では、掃除は心を磨くことだと考えます。トイレという家の中で一番汚い場所をきれいにすれば、心の中もピカピカになり、まっさらな気持ちで新たなスタートを切れるでしょう。

禅寺の玄関でよく見かけるのが、「脚下照顧《きゃっかしょうこ》」と書かれた札です。これは「履き物を揃《そろ》えなさい」という注意書きで、「乱れた心を整えなさい」という意味もあります。

心が乱れていると脱いだものが明後日《あさって》の方向を向いたりするように、履き物の脱ぎ方にはその人の心が現れます。お寺の来客用トイレでも、スリッパやサンダルが揃っていないことがありますが、これは次に履く人のことを考えていないからそうなるのです。

「脚下照顧」という禅語には、もう一つ大事な意味があります。「足元のことを一つ一つ着実にやっていきなさい」という意味です。**他人のことをとやかく言う暇があったら、自分のやるべきことをちゃんとやれ**ということですね。

座右《ざゆう》の銘《めい》にもなるような味わい深い禅語です。

52

バンジージャンプにトライする

無《む》尽《じん》蔵《ぞう》

「無尽蔵《むじんぞう》」という禅語は、「無一物《むいちもつ》」とセットで「無一物中無尽蔵《むいちもつちゅうむじんぞう》」という表現でよく使われます。無一物、つまり何も持たない私たちだとしても、**私たちは尽《つ》きることのない無限の可能性を持っている**という意味です。

「無限の可能性を持っている」などと言えば、「そんな大げさな」とか「大風呂敷《おおぶろしき》ではないか」といった反論も聞こえてきそうです。確かに、私たちはどんなに頑張っても百メートルを三秒で走ることはできません。人間のやれることには物理的な限界があります。

それでも、私たちはまだ自分の能力の一部しか使っておらず、努力と工夫を重ねればもっと多くのことができるのです。

あなたは自分の能力を過小評価して、やろうと思えばできるのにやらないで内なる資源を浪費していませんか？

こんなケースに

絶望の渦中にいる

会社をリストラされた、コツコツ貯めたお金を投資の誘いに乗り溶かしてしまった、婚約者からに別れを一方的に告げられた……もしあなたがこうした絶望の渦中《かちゅう》にいるならば立ち直るヒントがあります。

勇気を出して再起を図れば必ず道はあります。「無一物中無尽蔵」の禅語を胸に刻み、勇気を奮い立たせてほしいものです。

賢人《けんじん》ゲーテは次のように言っています。

名誉を失っても、もともとなかったと思えば生きていける。
財産をなくしたら、またつくればよい。
しかし勇気を失ったら、生きている値打ちがない。

ゲーテは、勇気さえ失わなければ何とかなると言います。人間に必要なのは名誉やお金でもなく希望でもない。ましては命でもない。勇気なんだ、と。**勇気を失くした命など無価値**だとも言っています。

絶望が深過ぎて勇気が湧き上がる気配がない場合、多少の〝荒療治《あらりょうじ》〟が必要かもしれません。**意図的に勇気を呼び覚ます**のです。

たとえば〝荒療治〟にバンジージャンプにトライするのはどうでしょうか。バンジージャンプは毎日おこなえるような習慣とは言えないかもしれませんが、恐怖心に打ち克《か》ち、勇気を呼び覚ます訓練としては最適な方法の一つです。

バンジージャンプに特別な技能は必要ありませんが、健康であることなどいくつか参加条件があります。事故や病気のリスクもゼロではないため、挑戦する方は事前に確認の上、自己責任でおこなってください。

枡野俊明（ますの　しゅんみょう）

曹洞宗徳雄山建功寺住職、多摩美術大学環境デザイン学科教授、庭園デザイナー。大学卒業後、大本山總持寺で修行。禅の思想と日本の伝統文化に根ざした「禅の庭」の創作活動を行い、国内外から高い評価を得る。芸術選奨文部大臣新人賞を庭園デザイナーとして初受賞。カナダ総督褒章、ドイツ連邦共和国功労勲章功労十字小綬章を受章。また、2006年「ニューズウィーク」誌日本版にて「世界が尊敬する日本人100人」にも選出される。庭園デザイナーとしての主な作品に、カナダ大使館、セルリアンタワー東急ホテル庭園、ベルリン日本庭園など。主な著書に『禅、シンプル生活のすすめ』、『心配事の9割は起こらない』などがある。

幸せを呼び込む毎日の小さな習慣

2024年9月2日　初版発行

著　者　　枡野　俊明

発行人　　杉原　葉子

発行所　　株式会社電波社
〒154-0002　東京都世田谷区下馬6-15-4
TEL.　03-3418-4620
FAX.　03-3421-7170
https://www.rc-tech.co.jp
振替　00130-8-76758

ISBN978-4-86490-272-4　C0095

印刷・製本　株式会社光邦

乱丁・落丁本は、小社へ直接お送りください。
郵送料小社負担にてお取り替えいたします。

枡野俊明の本

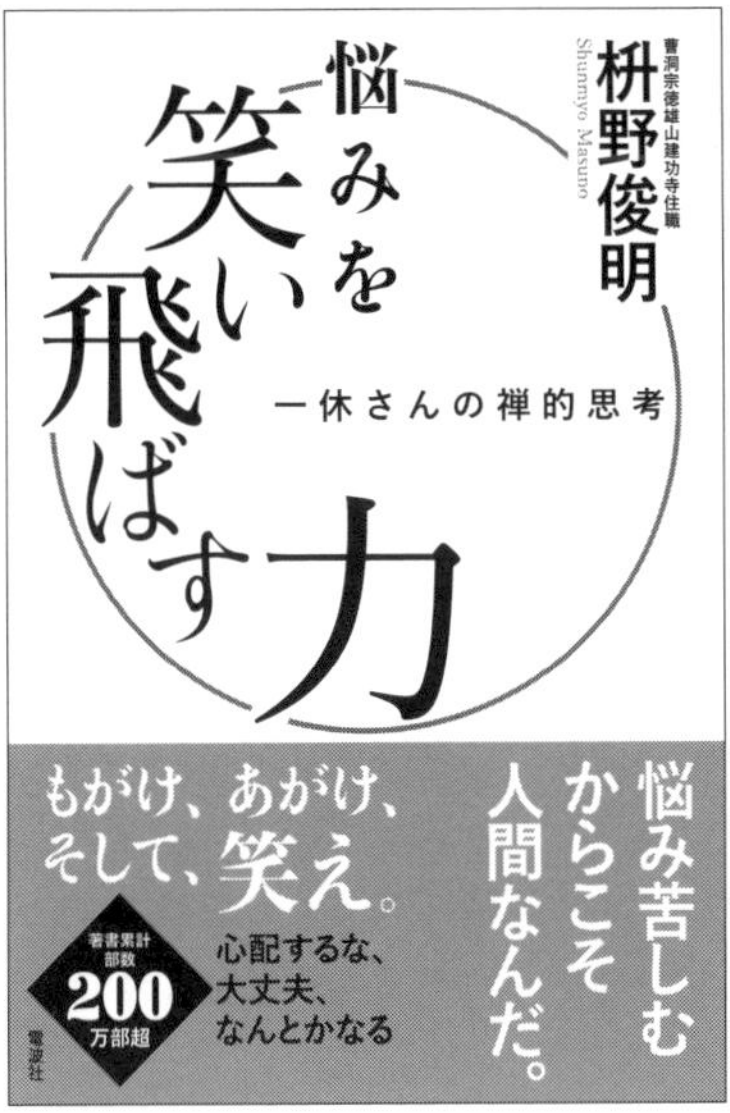

悩みを笑い飛ばす力　一休さんの禅的思考

枡野俊明 著

発行　電波社

定価　本体1400円＋税

ISBN 978-4-86490-241-0

あの「頓智《とんち》の一休さん」が悩みに悩み抜き、実地の経験から悟り得た人生訓を惜しみなく伝えます。仕事、お金、恋愛、欲望、挫折、失敗、人間関係、家族関係、病気、老い、死……一休和尚が遺した禅的思考は、現代に生きる私たちの悩みを笑い飛ばしてくれます。

枡野俊明の本

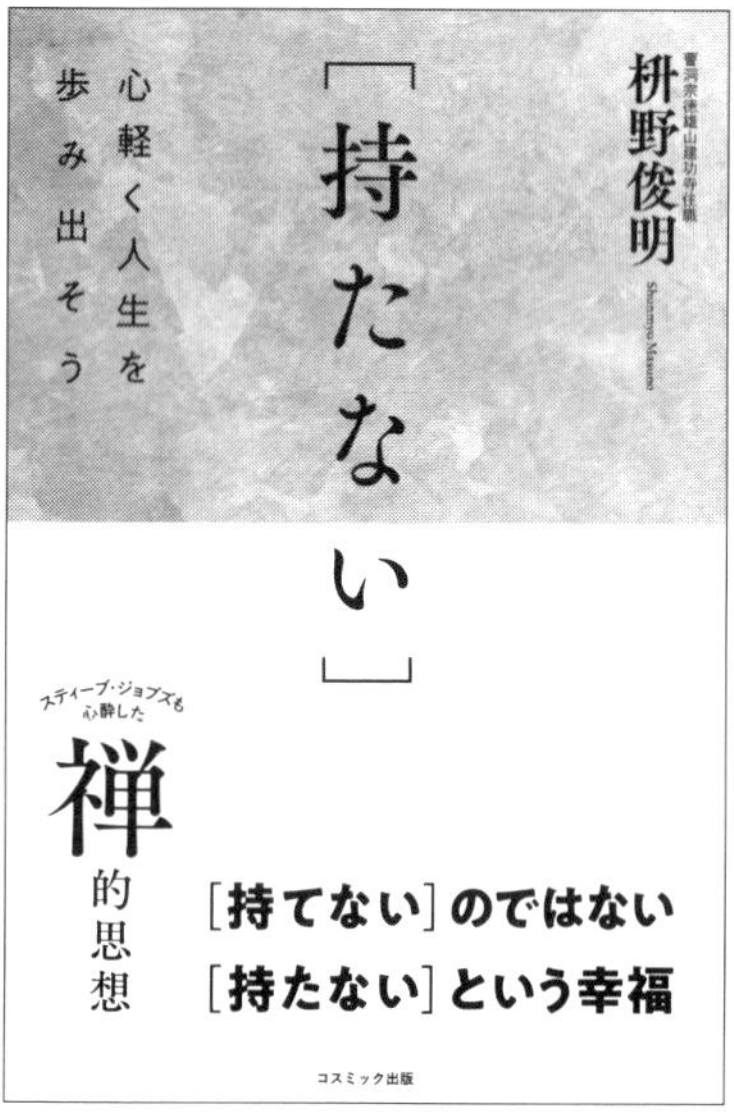

[持たない]

枡野俊明 著

発行　コスミック出版
定価　本体1400円＋税
ISBN 978-4-7747-9275-0

「30代でマイホームを建てたい」「電気自動車に買い替えよう」「ゴルフクラブセットくらい持ってないと」それらは、あなたにとって本当に必要でしょうか？[持つ]ことは苦悩の始まりです。それは夫、妻、親、子ども、恋人、親戚、ペットに始まり、友人、上司、同僚との人間関係も一緒。すべてを捨て去ることできないかもしれませんが、禅的思想で苦悩をやわらげていきましょう。